애니메이션 도색의 기본과 응용

피규어 도색의 교과서

MA만 지음　김정규 옮김

머리말

「어, 피규어 도색은 왠지 어려울 것 같은데. 내가 할 수 있을까….」

저도 처음에는 그랬습니다. 하지만 불안한 마음보다 「좋아하는 피규어를 나만의 색으로 칠해서 즐겨보고 싶다!」 그런 호기심을 참을 수 없어서 피규어 리페인트를 시작했습니다. 그리고 YouTube를 시작하고, 상업 채색과 이벤트 리포터 등의 다양한 일을 하면서 여기까지 왔습니다.

중고등학교 시절부터 애니메이션이나 만화를 좋아했고, 정신을 차려보니 피규어를 사고 있었습니다. 처음 샀던 곳은 동네 재활용품 상점이었던 것 같습니다(웃음). 용돈이 그렇게 많지 않아서, 첫 피규어는 중고(최대한 싸게)였지만, 「애니메이션 캐릭터가 실물로 존재한다…!」 라면서 감동했던 것은 지금도 소중한 추억입니다.

리페인트라는 세상을 알게 된 것은, 상경한 이후에 방문했던 아키하바라의 호비숍 쇼케이스에서. 원래 훌륭한 피규어에 새로운 색을 더해서 자신만의 단 하나뿐인 존재로 만들어져 있었습니다. 정말 매력적이라고 생각하면서 한눈에 반했고, 바로 모형점에 가서 붓과 도료를 샀던 것도 생각이 납니다.
그때부터 활동을 시작해서 약 4년, 다양한 일들을 경험했습니다.
유튜버가 되고, 많은 피규어를 리페인트하게 됐습니다. SNS 등에서 많은 반향을 얻으면서, 점점 피규어의 늪에 빠져버렸습니다.

이번에 이렇게 책까지 내게 된 것은, 피규어를 만드는 원형사 님과 조형사 님, 채색사 님, 모형이나 호비 관련 제조사 님, 게재하는 피규어 사용을 쾌히 허락해주신 판권 권리자 님, 그리고 무엇보다 항상 제 활동을 응원해주시는 팬 여러분 덕분입니다. 정말 감사합니다.

어릴 적부터 그림을 그리거나 서예 사범 자격을 취득하고 했으면서도, 피규어 도색은 전혀 몰랐습니다. 그런 제가 붓 한 자루만 가지고 뛰어들어서 얻은 경험과 노하우, 솔직하게 느낀 것들을 이 책에 담아봤습니다.

아주 조금이라도 여러분만의 색을 칠했을 때,
틀림없이 크나큰 감동이 기다리고 있을 것입니다.
'피규어와 색채의 세계'를 같이 즐겨봅시다!

MAman MESSAGE

서장

애니메이션과 만화는 일본이 전세계에 자랑하는 팝 컬처. 그중 일부를 맡고 있는 피규어도 단순히 수집하고 감상하는 게 아니라, 한 발 더 들어가서 즐기는 방법이 퍼져나가고 있다.

주목받는 피규어의 세계

코로나 사태로 시장 규모가 더더욱 확대

피규어 업계에서 전세계 시장 규모 1위는 미국, 2위는 중국, 일본은 그 뒤를 잇는 3위라고 한다. 코로나19 감염 확대 방지를 이유로 외출을 자제하다 보니 수요가 높아졌고, 인터넷 쇼핑이 보급되기도 하면서 실내에서 하는 취미인 피규어에 관심을 가지는 사람들이 증가. 사회현상을 불러일으킨 인기 애니메이션이 등장한 것도 거기에 힘을 보탰다. 그리고 그것을 증명하는 것처럼, 일본 완구 협회가 조사한 2021년도 일본 국내 완구 시장 규모는 과거 최고의 성장률을 기록했고, 피규어를 비롯한 호비 시장 규모는 1,500억 엔을 돌파했다.

< 출처 > 일반회사법인 일본 완구 협회 홈페이지
https://www.toys.or.jp/toukei_siryou_data.html

전세계가 열광하는 쿨 재팬

해외 시장에서 매년 존재감이 커지고 있는 일본제 피규어. 애니메이션과 게임, 코스프레, 아이돌 등 소위 쿨 재팬이라고 불리는 콘텐츠가 젊은이들을 중심으로 세계적인 지지를 받는 것이, 해외 피규어 업계에도 영향을 주고 있다. 기존에 있던 해외 피규어 팬과 다른 「일본 애니메이션&만화」를 기원으로 하는 새로운 피규어 팬이 탄생. YouTube 등의 동영상 스트리밍 서비스, SNS, 인터넷 쇼핑 등의 인프라가 발달하면서 해외 팬도 계속 증가하고 있다. 이 현상을 증명하는 것처럼, 저자의 YouTube 채널에도 해외 시청자 수가 급증하고 있다.

피규어를 리페인트하는 즐거움

문화란 성숙해지면 퍼져나가면서 보다 깊이 침투하는 것. 피규어 업계에도 서서히 그런 징후가 보이기 시작했다. 리페인트(재도색)이나 자작 피규어(조형)이 그 예라고 할 수 있다. 최근에는 일반적으로 애니메이션 도색이라고 하는 「2차원 채색」이 주목받고 있다. 3D 피규어를 2차원 애니메이션이나 만화 터치로 처리한 비주얼에는 큰 임팩트가 있어서, SNS 등에서 주목받는 일도 많다. 이 책에서는 이 분야에서 독자적인 스타일을 확립한 저자가 그 기법, 순서를 처음부터 꼼꼼하게 설명한다.

애니메이션 도색을 시작한 계기

초등학생 때부터 미술과 서예를 배우는 등, 예술을 가까이 접하며 어린 시절을 보냈다. 중학교 시절에는 유화에 몰두했고, 미대에 진학, 주로 사실계 유채화를 그렸고 미술 교사 면허, 서예 사범 자격을 취득했다. 원래 피규어 수집이 취미였고, 게임 센터나 가챠가챠로 입수한 피규어를 진열해두던 중, 우연히 만난 리페인트 작품을 보고 인생이 크게 달라졌다. 벼락에 맞은 것 같은 충격을 받고 「나도 피규어를 칠해보고 싶다!」라는 생각에 이 세계로 뛰어들었다. 2019년부터 MA만으로 활동을 시작. 피규어 페인터로 활약하는 한편 YouTube 「MA만 ch.」을 개설한 2019년 11월부터 누적 총 조회수가 2,000만(2022년 10월 시점)을 돌파. 다양한 활동을 통해서 피규어 도색 보급에 힘을 쏟고 있다.

MA만의 애니메이션 도색(3D 2차원 채색)의 특징

마치 2차원 애니메이션처럼! 3D 피규어가

부품 하나에 2, 3 색을 사용

광원을 설정하고 베이스 색, 음영 색, 하이라이트 색의 3색을 조합해서 칠해간다.

하이라이트가 2 차원 느낌을 강조

하이라이트는 일러스트를 입체적으로 보이게 해주는데, 피규어에서는 확실하게 구분할수록 2차원적인 느낌이 강해진다.

선을 따라 그려서 윤곽선처럼 보이게 한다

조형 자체에 들어가 있는 선이나 흠집 등을 따라서 그려주면, 일러스트에서 말하는 윤곽선 같은 역할을 한다.

색의 경계선이 뚜렷하게

그러데이션을 주지 않고 딱! 하고 알기 쉽게 구분해서 빛과 그림자를 그린다.

어둡게 칠해서 평면적인 깊이감을 준다

발 사이 등의 우묵한 부분은 실제 그림자를 과장하거나, 그림자가 없어도 일부러 어둡게 칠해주기도 한다.

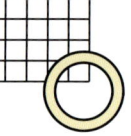

CONTENTS

머리말 · 008
서장 · 010

CHAPTER.1
리페인트의 기본과 아이템 소개 · · · · · · · · · · 015

리페인트의 기본 · 016
아이템 소개 · 020
색의 기본 · 024
피규어 분해 · 세척 · · · · · · · · · · · · · · · · · · 026
MA만 작례 사진 vol.1 · · · · · · · · · · · · · · · 028

CHAPTER.2
애니메이션 도색 초급편 · · · · · · · · · · · · · 031

붓 다루는 방법 · 032
하이라이트를 넣자 · · · · · · · · · · · · · · · · · 034
색을 바꾸자 · 038
선 그리기 · 042
자주 하는 고민 Q&A · · · · · · · · · · · · · · · 046
MA만 작례 사진 vol.2 · · · · · · · · · · · · · · 048

CHAPTER.3
애니메이션 도색 중급편 ··· 051

그림자 · 색 · 선 그리기 ············· 052
흑백으로 칠하기 ················ 066
MA만 작례 사진 vol.3 ············· 070
MA만 작례 사진 vol.4 ············· 072

CHAPTER.4
애니메이션 도색 상급편 ··· 073

그림자 · 색 · 선을 더 넣기 ············ 074
아이 페인트 ·················· 088
자주 하는 고민 Q&A ·············· 092
MA만 작례 사진 vol.5 ············· 094
피규어와 나 ·················· 096

CHAPTER.5
애니메이션 도색 번외편 ··· 097

회화처럼 칠하기 ················ 098

피규어 촬영 테크닉 · 106
MA만 아틀리에 대공개 · · · · · · · · · · · · · · · · · · 110
프로 원형사×피규어 페인터 좌담회 · · · · · · 114

마치며 · 126
협력 제조사 & 게재 피규어 · · · · · · · · · · · · · · · 127

※이 책에서 소개한 도색 방법은 전부 저자 본인이 제안했습니다.
※이 책의 도색 방법을 따라 하실 때는, 상품의 구조와 성질 등을 잘 확인한 뒤에 본인 책임하에 진행해주십시오.
※이 책에 게재된 정보는 2022년 10월 시점의 정보입니다.
　일부 판매가 종료된 상품도 있습니다.
※상기 내용을 잘 확인해주길 바랍니다.

CHAPTER. 1
리페인트의 기본과 아이템 소개

실제로 피규어를 칠하기 전에
알아둬야 하는 점과
정해둬야 할 것을 정리했습니다.
필요한 도구도 여기서 확인해봅시다.

리페인트의 기본

종류

피규어를 리페인트하는 방법은 여러 가지가 있습니다. 여기서는 대표적인 방법 두 가지를 소개. 조합해서 칠하는 경우도 많습니다.

\ 이 책은 붓도색에 특화해서 소개 /

붓도색

붓을 이용해서 칠하는 방법 전반을 가리킵니다. 붓과 도료만 있으면 바로 시작할 수 있으니까 진입 장벽이 낮고, 폭넓은 표현에도 대응 가능. 붓도색을 제대로 익혀두면 그러데이션 도색이나 웨더링 등, 어떤 표현도 가능합니다.

에어브러시

도료를 미스트 상태로 뿜어주는 에어브러시를 사용하는 방법. 매끄러운 도색이 가능해서 그러데이션 도색이나 질감, 입체감 표현에 적합합니다.

	간단함	그러데이션	웨더링	선 그리기	사실적 표현	도색 범위
붓도색	◎	○	◎	◎	○	▲
에어브러시	▲	◎	○	▲	◎	◎

공정

전체 공정을 이해합시다!

칠할 피규어를 정하는 것이 시작 지점. 붓으로 칠하기 이전 준비부터, 실제로 칠하기 시작해서 완성까지의 절차를 대략적으로 정리하면, 아래와 같은 7가지 공정이 됩니다.

① 칠할 피규어를 정한다 P018
② 이상적인 이미지를 정한다 P018
③ 목표를 작게 구분해서 설정 P019
④ 자료 수집 P019
⑤ 도구 준비 P020
⑥ 피규어 분해, 세척 P026 ※필요한 경우
⑦ 칠한다

CHAPTER. 2~5

완성

MA만식 마음가짐

1 자유롭게 칠한다

리페인트를 시작해보면 「어떤 색을 써야 좋을까?」 「어떻게 칠해야 좋을까?」 「어떤 도구를 쓰는 게 정답일까?」 등등 올바른 수단을 찾느라 고민하는 경우도 있을 겁니다. 하지만 어떤 기법이건, 어떤 도구건, 어떤 완성품이건, 전부 「정답」이라고 할 수 있습니다. 그것이 「표현한다」는 것이죠. 예를 들자면 현장감을 연출하고 싶을 때는 어떻게 할까. 실제로 돌이나 모래를 써도 OK. 모형점에서 판매하는 소품을 활용해도 OK. 다양한 표현 방법이 있으니까 「정답」에 얽매이지 말고 자신이 이상적이라고 생각하는 표현을 추구하세요.

2 끝까지 칠한다

작업 중에 뭔가 벽에 가로막혀서 앞으로 나아가지 못할 때는 「남들도 하는데 나라고 못 하겠어!」라고 생각해주세요. 상급자는 경험, 기술, 발상력 세 가지 요소의 레벨이 상당히 높은데, 이것은 재능이 있어야만 하는 게 아니라 노력으로 얼마든지 높일 수 있는 것들입니다. 레벨이 올라갈수록 자신이 이상적으로 생각하는 작품에 가까워지니까, 일단 하나를 끝까지 칠해보세요. 그러면 피규어를 보는 방법, 색에 대한 사고방법 등이 달라졌다는 걸 알 수 있을 겁니다. 완성해야만 알 수 있는 것들이 의외로 많습니다! 그 경험은 반드시 다음 작품에서 살릴 수 있습니다. 그리고 끝냈을 때의 달성감과 끝까지 했다는 성공 체험이 새로운 모티베이션으로 이어지게 됩니다.

3 붓에 익숙해진다

붓도색의 극의는 붓에 익숙해지는 것이 전부. 현대 생활에서는 붓을 거의 사용하지 않지만, 리페인트는 물론이고 글씨를 쓴다든지 할 때도 가능한 한 붓을 사용해봅시다. 하루에 5분이라도 좋으니까 일단 붓을 쥐어보세요. 붓을 쥐었을 때 위화감이 없어진 때가 「붓에 익숙해진 때」입니다. 붓을 쥐었을 때 마음이 놓이게 되면 완벽! 그렇게 되면 선을 깔끔하게 그릴 수 있고, 붓자국도 줄어듭니다. 어떤 엄청난 기술을 배우는 것보다 빨리 실력이 늘 것입니다.

4 서두르지 않는다

작업이 진행되면서 서두르게 되는 건 흔히 있는 일입니다. 그러면 있지도 않은 지름길을 찾다가 실패하거나, 평소에는 안 하던 실수를 하기도 합니다. 서두르다가 색이 삐져나오는 등등, 수정하느라 되레 시간과 수고를 들이는 일도 벌어집니다. 그러기 전에 마음을 다잡는 게 중요합니다. 다른 사람과 비교하지 말고 자신의 개성을 소중히 여기고 이상을 추구하세요. 사실은 벽에 부딪혔을 때가 좋은 작품을 만들 수 있는 기회입니다. 그것을 계기로 새로운 표현의 문이 열리는 경우도 있습니다.

5 상상력이 포인트

상상력이란 골 지점을 바라보는 힘이라고 생각해주세요. 여기에는 달성하기 위해 필요한 여정을 생각하는 것도 포함됩니다. 천재적인 재능도 특별한 기술도 필요 없고, 누구나 가지고 있고 키워갈 수도 있는 것입니다. 스케치북이나 노트에 밑그림을 그리거나 실제 피규어에 그려보면서, 자신이 만들고 싶은 작품의 이상적인 모습을 확실하게 정해봅니다. 상상력을 무시하면 작품이 뭔가 산만해지고, 완성까지 도달하지도 못하게 됩니다.

리페인트 전에 해야 할 일

① 칠할 피규어를 정한다

어떤 피규어든 상관없지만, 초보자가 칠하기 쉬운 피규어를 고르는 포인트는 3가지. 크기, 모양, 색 수를 확인하세요. 처음 할 때는 크기는 너무 크지도 작지도 않은 높이 15~20cm 정도를 추천. 모양은 깊게 우묵한 부분이나 틈새가 적은 것. 색 수는 적은 것부터 시작하면 좋습니다.

② 이상적인 이미지를 정한다

자신이 생각하는 이상적인 완성품의 이미지를 확실히 정할 것. 어떤 색으로 칠하고 싶은가? 예쁘게 칠하고 싶은가 멋있게 칠하고 싶은가? 완성 이미지를 정하지 않으면 고민하느라 손이 멈춰버리는 경우도 있습니다. 칠하기 전에 대략적이라도 좋으니까 작품의 테마를 정하세요.

 목표를 작게 구분해서 설정

목표를 작게 구분해서 설정하는 이유는, 조금이라도 달성감을 맛보는 쪽이 좋으니까. 처음 칠할 때는 사소한 실수로 좌절하거나 앞으로 나아가지 못하는 경우도 있습니다. 목표 달성을 거듭하다 보면 자신감은 저절로 따라오게 됩니다.

이런 목표가 달성하기 쉽다

 웃옷 선을 깔끔하게 그려보자!

 치마 색을 바꿔보자!

 조형의 흐름을 의식해서 칠하자!

 오늘은 리본만 열심히 칠해보자!

 자료 수집

완성 이미지를 정하기 위해, 실제로 리페인트를 진행할 때도 자료 수집은 필수. 수집해야 할 자료와 수집 방법을 알아봅시다.

효과적인 자료

리페인트 전에 피규어에 빛을 비추고 사진으로 저장

입체적인 자료 수집 방법으로, 칠하기 전에 조명을 비춰서 그림자가 어떻게 생기는지 알 수 있는 상태로 사진을 찍어주세요. 사진을 남겨두면 작업하는 중에 몇 번이고 다시 볼 수 있습니다.

어떤 자료를 수집해야 할까

칠하고 싶은 피규어의 모델이 된 캐릭터의 그림이나 사진을 가능한 한 많이 수집하세요. 애니메이션 스크린샷이나 잡지 스크랩, 일러스트나 만화 등이 참고하기 좋습니다. 최소한 정면, 옆얼굴, 뒷모습은 필수. 다양한 각도의 자료를 모으는 것이 중요합니다.

대체 왜 자료가 필요한 걸까

굳이 자료가 없어도 상상으로 그릴 수 있습니다. 하지만 이건 숙련자에게도 상당히 힘든 일입니다. 고민될 때 어떤 색이었더라? 그림자가 어디에 생기지? 등을 확인할 수 있으면 앞으로 나아가기가 쉽습니다.

아이템 소개

붓도색에 최소한으로 필요한 붓과 도료는 종류가 많아서 어떤 것을 골라야 좋을지 망설이기 쉽습니다. 그리고 도료에는 전용 희석액도 필요. 그밖에 도색 전용으로 준비해두면 편리한 아이템이나 도구에 관한 지식을 소개합니다. 칠하는 방법에 따라서는 다른 도구도 필요하지만, 여기서 소개한 것만 갖춰두면 거의 문제가 없습니다.

붓

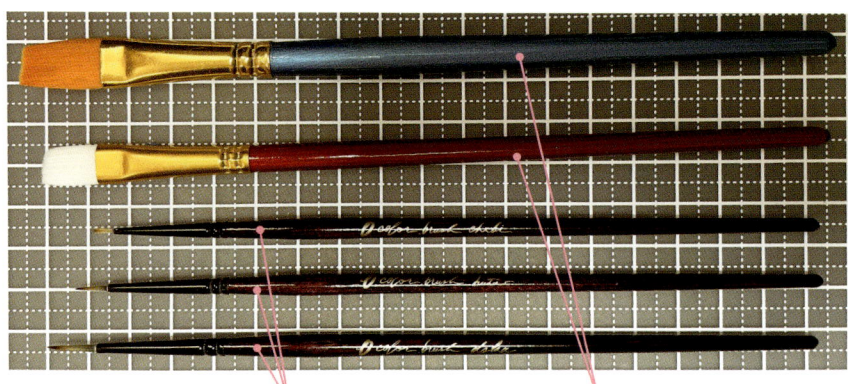

사용 비율

8 : 2
면상필　　평붓

이 책에서 설명하는 2차원 채색에서는 면상필이 80%, 평붓은 20% 정도 사용합니다. 이것은 자신의 칠하는 방법에 따라 달라집니다.

면상필
세세하게 그릴 때 활약하는 붓. 2차원 채색에서는 자주 사용. 메인으로 사용하는 붓과 특히 세세하게 그리는 붓을 따로 준비하면 편리.

평붓
큰 면적을 빠르게 칠하고 싶을 때 활약하는 붓. 세세한 작업에서는 사용하지 않으니까, 너무 큰 것만 아니라면 취향에 맞게 골라도 됩니다.

MA만 추천

필버트
평붓처럼 생겼지만, 붓끝이 평붓처럼 직선이 아니라 둥그스름한 모양. 평붓처럼 큰 면적을 빠르게 칠할 수 있는 데다, 각이 없기 때문에 붓자국도 덜 생기는 효과가 있습니다.

도료 접시

병에 든 래커 도료는 그대로 사용하지 않고, 일반적으로 도료 접시에 덜어서 사용합니다. 도료 희석과 조색(P025 참조)에도 필요합니다. 수채화에서 자주 사용하는 팔레트가 아니라, 한 색씩 사용하는 도료 접시나 전용 팔레트를 준비하세요.

알루미늄 포일로 덮어주면 씻을 때 편합니다. 씌울 때는 먼저 알루미늄 포일을 얹어놓고 다른 접시로 꾹 눌러준 다음에 바깥쪽을 말아주면 간단. 섞을 때, 붓으로 너무 세게 누르면 찢어질 수도 있으니 주의.

도료

저는 2차원 도색에 래커 도료가 좋다고 생각하지만, 수성 도료도 좋습니다

2차원 채색에 추천하는 것은 입자가 고운 모형용 도료. 그중에서도 래커 도료와 수성 도료 2가지. 래커 도료는 인화성 물질이니까, 불과 가까이하면 위험합니다. 환기도 자주 해주세요.

래커 도료
- 도료가 잘 벗겨지지 않는다
- 차폐력이 좋다
- 발색이 좋다
- 도장면에 잘 붙는다
- 건조가 빠르다
- 인화성 물질

수성 도료
- 물로 희석할 수 있다
- 냄새가 거의 없다
- 도료가 잘 퍼진다
- 바림 표현에 적합
- 건조가 느리다

에나멜 도료
- 발색이 좋다
- 전용 용제로 간단히 지울 수 있다
- 래커 도료용 용제에 지워지지 않는다
- 이 책에서는 주로 밑칠에 사용

MA만 추천

【래커 도료】

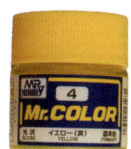

메이커는 GSI 크레오스(사진), 가이아노츠, 타미야 등을 추천. 차폐력이 높아서 밑색의 영향을 거의 안 받기에, 2차원 채색에 적합합니다.

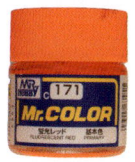

GSI 크레오스의 Mr.COLOR는 컬러 배리에이션이 풍부해서 이용하는 사람이 많은 시리즈. 형광(사진)이나 메탈릭, 펄 컬러 등도 있습니다.

【수성 도료】

수용성 아크릴 도료라고도 합니다. 시타델 컬러나 SCALE75, 바예호 등의 도료를 추천. 시너 등의 냄새를 싫어하는 분, 불 근처에서 작업해야만 하는 등 환경적인 제약이 있어도 사용할 수 있습니다.

【에나멜 도료】

도료가 마른 뒤에도 전용 희석액으로 간단히 지울 수 있습니다. 그래서 밑색으로 사용하면 몇 번이고 다시 그릴 수 있습니다.

희석액

도료의 농도를 희석하는 용제. 래커 도료도 수성 도료도 그대로 사용하면 농도가 짙어서 칠하기 힘든 경우가 있는데, 수성 도료 외에는 물로 희석할 수 없습니다. 그래서 도료 종류별로 전용 희석액을 준비해야 합니다.

래커 도료용 희석액

「가이아 컬러 희석액」이나 「Mr.컬러 희석액」이 기본. 도료 접시 등에 조금씩 덜어서 사용.

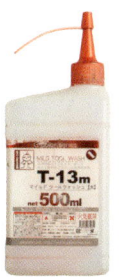

세정용 용제

희석액보다 녹이는 힘이 강해서, 붓에 묻은 래커 도료나 도료 접시의 얼룩을 강력하게 지워줍니다.

에나멜 도료용 희석액

도료의 농도를 희석하는 건 물론이고, 붓을 씻을 때도 사용할 수 있습니다.

그 밖에! 있으면 편리한 도구

리페인트 아이템

낡은 붓
도료 희석이나 조색할 때, 붓으로 섞을 경우에 사용. 칠하는 붓과 구분해서 사용하면, 붓을 더 효율적으로 사용할 수 있습니다.

조색 막대
한쪽은 스푼 모양, 한쪽은 평평한 모양의 금속 막대. 도료를 저어주거나, 병에 있는 도료를 떠서 도료 접시로 덜어주는 등, 많이 사용합니다.

도색 베이스
도료를 말릴 때 등에, 도색 전용 손잡이를 꽂아두기 위한 베이스. 틈새에 막대를 꽂을 수 있는 벌집 모양이 사용하기 편합니다.

도색용 손잡이
가늘고 긴 막대 끝에 클립을 고정한 것. 부품 도색, 건조에 사용. 부품 크기에 따라서 클립 크기를 선택하세요.

스포이드
희석액이나 건조 지연제(리타더) 등의 용제를 조금씩 넣을 때 활용. 주둥이가 길어서 용제를 충분히 빨아들일 수 있는 타입을 추천.

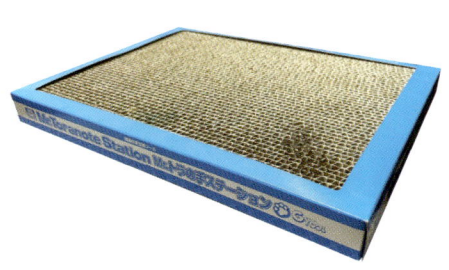

붓 받침
리페인트 중에는 붓을 여러 개 사용하는 경우가 많은데, 그래서 작업 중인 붓을 놓아둘 수 있는 붓 받침이 있으면 효율이 좋아집니다.

낡은 붓

핀셋
액상 마스킹제를 벗기거나 피규어에 묻은 먼지나 털을 제거할 때 편리. 끝이 가느다란 호비용 핀셋을 고르세요.

자작 웻 팔레트
수성 도료 건조를 지연시킬 수 있는 팔레트. 쟁반에 물을 머금은 천을 깔고, 그 위에 쿠킹 시트를 얹어주면 완성!

붓꽂이
붓 보관장소. 칠할 때 사용하는 메인 붓과 낡은 붓, 아직 사용하지 않은 새 붓을 구분할 수 있는 칸막이가 있으면 편리.

메인 붓

마스킹 & 손질 아이템

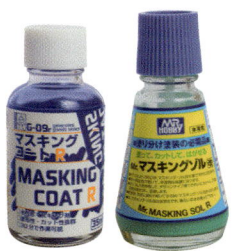   

액상 마스킹제
칠하고 싶지 않은 부분을 미리 보호해주기 위한 도구. 테이프로 가리기 힘든 조형의 복잡한 부분이나 좁은 면적에 칠해서 사용. 마를 때까지 시간이 조금 걸립니다.

리타더
건조 지연제. 빨리 마르는 래커 도료에서 특히 효과를 발휘. 희석 용제에 아주 조금 섞어서 사용하면 붓자국이 줄어듭니다.

붓 린스
래커 도료를 지우는 세정용 용제에 린스 효과를 추가한 것. 붓을 씻을 때 마무리로 사용하면 붓끝이 깔끔하게 정리됩니다.

탑코트
도료가 잘 벗겨지지 않게 해주는 마감제. 도료마다 전용 마감제를 사용합니다. 사용할 때는 반드시 마스크를 착용하고 환기가 잘 되는 곳에서 사용하세요.

마스킹 테이프
칠하고 싶지 않은 부분을 미리 보호해주기 위한 도구. 피규어의 손이나 발 등의 칭칭 감기 편한 부분이나, 넓은 범위를 마스킹할 때 좋습니다.

붓 세척 보틀
붓에 묻은 도료를 씻을 때 사용. 래커 도료는 물에 녹지 않으니까, 보틀에 희석액을 넣어둡니다. 1번, 2번, 마무리까지 3개를 준비해서, 순서대로 붓을 넣어서 씻어주세요.

키친 타월
물이나 기름기 흡수력이 좋고, 티슈보다 털 찌꺼기가 덜 남습니다. 피규어를 세척한 뒤에 물기를 닦아낼 때 필요합니다.

면봉
털이 덜 빠지는 모형용 면봉도 팔고 있지만, 가성비가 좋은 100엔 숍의 면봉으로도 충분합니다. 끝이 가는 아기용 면봉 등, 크기별로 다양하게 준비하면 편리합니다.

MA만 오리지널 브랜드

0Color. (제로 컬러)
MA만이 메이커와 공동 개발한 오리지널 브랜드. MA만이 설계부터 재료까지 신경 써서 만든 붓과 도색 접시를 판매 중. 섬세한 붓도색을 쾌적하게 해주기 위해, 사용자의 눈높이에 맞춘 요소들이 곳곳에 들어가 있습니다.

0Color. brush
털의 품질, 길이와 폭에 신경을 썼습니다. deka, hutu-, chibi 3가지 크기가 세트로 구성돼서, 세세한 구분 도색이 가능. 패키지의 스토퍼는 붓 받침으로 사용 가능.

0Color. DISH
교환식 팔레트를 장착해서 사용하는 도료 접시. 조색한 도료를 일시적으로 보관할 수 있도록, 기능면에서도 많이 고민한 제품.

색의 기본

여기서는 도료를 준비하는 방법을 소개합니다. 색의 성립, 색을 섞어서 새로운 색을 만들 때의 주의점, 희석 방법 등도 함께 설명합니다.

도료 준비

모형점 등에는 이 책에서 주로 취급하는 래커 도료만 해도 셀 수 없이 많은 색을 판매하고 있습니다. 도료병 뚜껑이 컬러 샘플이니까, 칠하고 싶은 피규어의 자료와 실제로 비교해보면서 필요한 도료를 구입하세요. 리페인트에 익숙해지면 여러 색을 섞어서 새로운 색을 만드는 조색에 도전하는 것도 좋습니다.

색의 성립

색은 빨강, 파랑, 노랑의 조합으로 되어 있습니다. 아래 그림을 봐주세요. 가운데 있는 삼각형이 색의 기본이 되는 삼원색. 빨강과 노랑처럼 이웃하는 색을 섞으면 그 위에 있는 주황색이 됩니다. 이런 기본색에 검정이나 흰색을 섞으면 밝은 색과 어두운 색 등의 배리에이션을 만들 수 있습니다.

「12 색상환」

무슨 색을 사용하는지 파악

초록색은 노랑색과 파란색 등의 기본적인 패턴은 있지만, 방법이 하나만 있는 것은 아닙니다. 직접 시도하면서 경험을 쌓아보세요. 파악하는 감각을 연마하다 보면 원하는 색을 만들 수 있게 됩니다.

※위의 색은 어디까지나 이미지입니다.

명도와 채도

색에는 명도와 채도가 있는데 명도는 색의 밝기, 채도는 색의 선명도를 뜻합니다. 아래 그림은 빨간색의 경우를 보여줍니다. 12색상환에 있는 색은 오른쪽 위에 있는 한 칸뿐이지만, 명도와 채도 변화에 따라 색이 달라집니다. 채도가 거의 0인 색(제일 왼쪽 아래)는 무채색이라고 불리는 흑백 컬러.

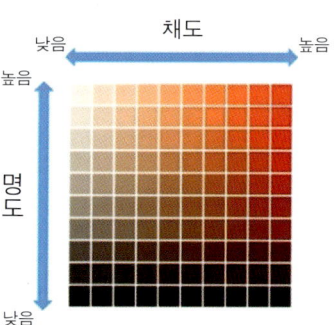

검정색은 안 쓰는 게 좋다?

검정색을 섞으면 색이 탁해지거나 더러워지는 경우가 있습니다. 피부색 등 채도가 높은 색은 조심하세요. 아래 사진의 옷처럼 채도나 명도가 낮은 색에는 사용하는 경우가 많습니다.

하이라이트 색 고르는 방법

하이라이트는 빛을 강하게 받는 곳에 들어가는 것인데, 필연적으로 베이스 컬러보다 밝은색이 됩니다. 구체적으로는 채도가 낮고 명도가 높은 색을 고르면 됩니다. 명도와 채도를 어느 정도 바꿀지는, 사용하는 다른 색과의 균형 등에 따라 달라집니다.

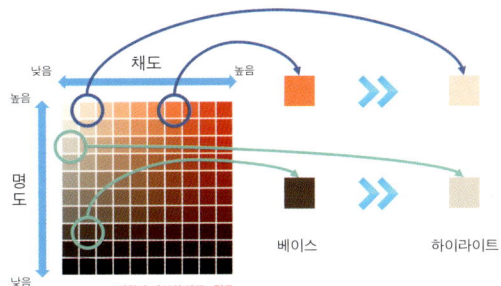

[하이라이트]

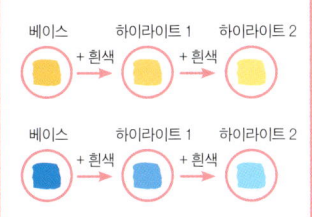

하이라이트 색을 만들 때 추천하는 방법은, 베이스 컬러에 흰색을 섞는 것입니다. 흰색은 밝은 무채색이라서 더하면 더할수록 채도가 낮아지고 명도가 높아집니다. 2단계 하이라이트를 넣을 경우에는 흰색의 비율을 조정.

그림자 색 고르는 방법

그림자 색을 고르는 포인트는 베이스 컬러보다 어두운 색. 그렇게 되면 채도가 낮아지는 경향이 됩니다. 기본적으로 명암 차이가 커질수록 대비가 강한 비주얼이 됩니다. 그림자 색을 고르는 것은 2차원 채색의 요령 중 하나라고 할 수 있습니다.

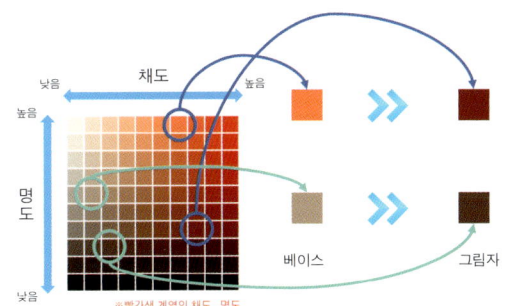

[그림자]

베이스 컬러에 함부로 검정색을 섞으면 채도가 낮아지니까, 채도가 높은 그림자색을 만드는 건 힘듭니다. 추천하는 방법은 시판 도료를 구입하는 것입니다. 2단계 그림자를 사용할 때는 그림자용 도료에 흰색을 섞어서 중간색을 만드는 방법도 있습니다.

도료를 희석한다

희석이란 도료와 희석액을 섞는 것을 말합니다. 기본적으로 도료는 그대로 사용하면 너무 뻑뻑하니까, 희석해서 사용합니다. 그런데 너무 희석하면 색이 비쳐버리게 됩니다. 희석에 실패하면 아무리 조심해서 붓을 움직여도 색이 제대로 입혀지지 않으니까, 최대한 이른 단계에서 요령을 파악해주세요.

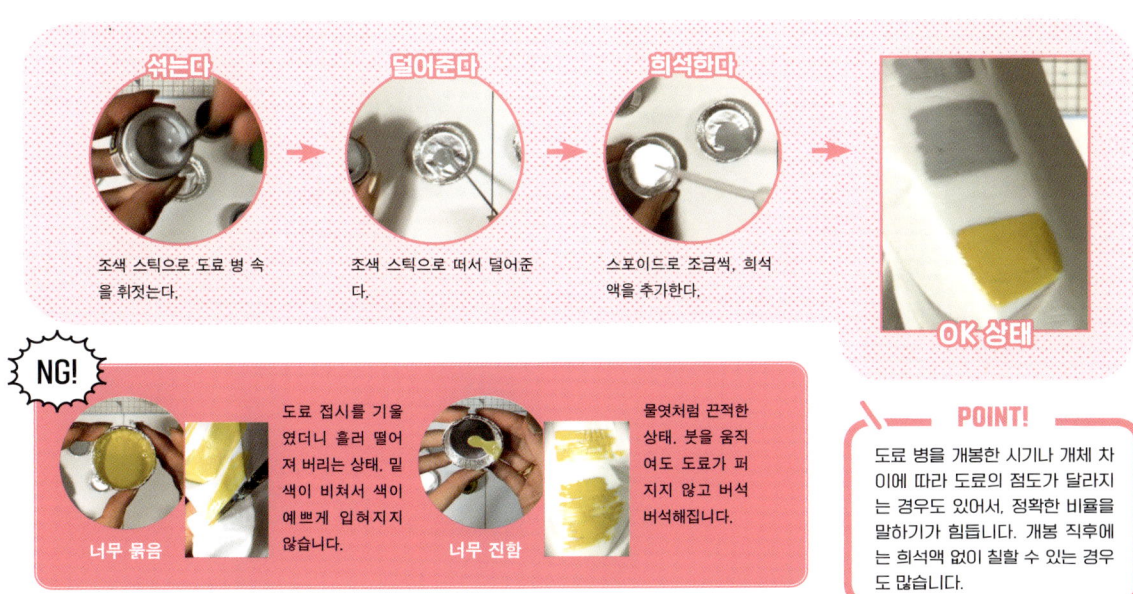

피규어 분해 · 세척

피규어는 여러 개의 부품으로 구성되어 있습니다. 부품을 본체에서 떼어내는 것을 피규어 분해라고 합니다. 리페인트의 필수 작업은 아니지만, 조형에 따라서는 분해해야만 붓이 닿는 경우가 있습니다. 그리고 분해하면 붓으로 칠하는 작업이 편해지는 경우도 자주 있습니다. 칠을 시작하기 이전의 준비 작업으로서 배워두면 좋습니다.

분해의 메리트

· 붓이 닿기 힘든 틈새를 칠할 수 있다.
· 도료가 다른 곳에 묻을 위험을 줄일 수 있다.
· 작업하기 편한 방향이나 각도에서 칠할 수 있다.

디자인 나이프 / 고무장갑 / 중성세제 / 칫솔 / 마이너스 드라이버

필요한 도구

분해할 때는 피규어가 상당히 뜨거워지기 때문에 두툼한 고무장갑이 있으면 좋습니다. 마이너스 드라이버와 디자인 나이프는 부품을 분리할 때 사용합니다. 중성세제와 칫솔(낡은 것)은 분해한 뒤에 피규어를 세척할 때 사용.

STEP 1 분해할 부품을 정한다

피규어는 얼굴이나 팔, 옷, 다리 등의 부품이 접착되어 있습니다. 그래서 접착한 부분을 떼어내면 각 부품으로 분해할 수 있습니다. 옷과 소품 사이, 셔츠 안쪽, 앞머리와 얼굴의 틈새 등, 붓이 들어가기 힘들 것 같은 곳을 분해합니다.

STEP 2 분할할 수 있는 부분을 확인한다

피규어를 잘 관찰해보면 부품이 접착된 부분을 찾을 수 있습니다. 피규어를 분해할 때는 이 접착한 부분을 분리해줍니다. 부품 구성이 피규어마다 다르니까, 어디를 분리할 수 있는지 확인해보세요.

STEP 3 피규어를 끓는 물에 담근다

피규어 전체가 잠길 정도로 깊은 냄비에 물을 받아서 끓여줍니다. 열을 가하면 말랑해지는 피규어의 성질을 이용해서, 쉽게 구부러질 정도까지 끓는 물에 담가줍니다. 이때 피규어에서 유분이 나오니까, 음식을 만들 때는 사용하지 않는 냄비를 사용해주세요.

STEP 4 부품 분리

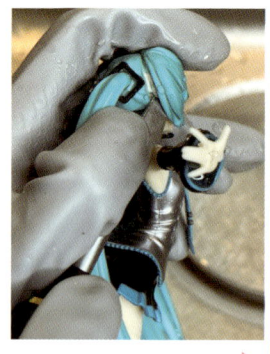
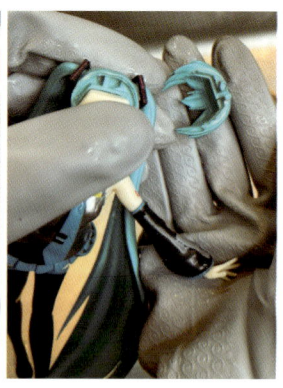

끓는 물에 담가서 피규어가 말랑해지면, 접착면을 벗겨내는 이미지로 부품을 분리합니다. 피규어가 뜨거우니까 작업할 때는 고무장갑을 장착하세요. 잘 분리되지 않을 때는 마이너스 드라이버로 지렛대 원리를 이용해서 조금씩, 신중하게 분리하세요.

STEP 5 접착면을 깔끔하게 정리

분리한 뒤에 접착면을 확인해서 거친 부분이나 요철이 있는 경우에는, 디자인 나이프로 깎아서 매끄럽게 해줍니다. 이 작업을 해주지 않으면 부품을 다시 끼울 때 잘 맞물리지 않아서 홈이나 틈새가 생기게 됩니다.

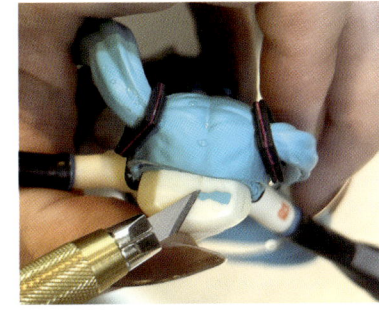

STEP 6 부품을 원래대로 되돌려준다

뜨거워서 말랑해졌던 피규어는 식으면 딱딱해집니다. 그 성질을 이용해서 분리한 부품을 다시 끓는 물에 담가서 말랑하게 해준 뒤에, 본체에 다시 끼워서 모양을 맞춰줍니다. 딱 맞았으면 찬물로 식혀주세요. 잘 끼워지지 않을 때는 끓는 물에 담그고, 본체에 끼우고, 찬물로 식히는 일련의 공정을 되풀이해주면 됩니다.

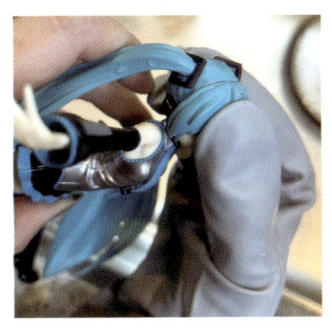 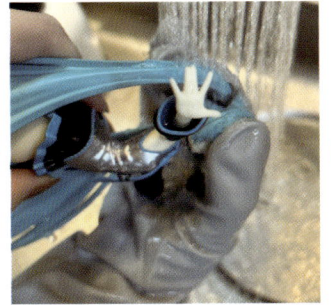 

STEP 7 피규어의 유분을 닦아낸다

리페인트 할 때는 피규어의 유분이 도료 정착을 방해할 가능성이 있으니까, 설거지할 때 사용하는 중성세제로 씻어주세요. 부드러운 칫솔 등으로 살살 문질러서 표면의 유분을 꼼꼼하게 처리합니다.

STEP 8 물기를 닦아내고 말린다

다 씻었으면 키친 타월 등으로 물기를 닦아낸 뒤에 말려줍니다. 자연 건조도 좋지만 드라이 부스(P113 참조) 등을 활용하면 빨리 말려줄 수 있습니다. 출력을 약하게 설정하면 피규어에 대미지를 주지 않고 말릴 수 있습니다.

MA만 작례 사진 vol.1

「Verse01 수정의 천사 아리아」 / 코토부키야
© KOTOBUKIYA

MAman's Voice
아주 미려한 일러스트를 의식!
일러스트레이터 미도리 후우 씨의 원본 일러스트를 리스펙트! 그림의 질감을 살릴 수 있도록 칠했습니다.

MAman's Voice

진지한 표정

눈꼬리가 살짝 처진 부드러운 표정을, 가능한 한 분위기를 바꾸지 않고 진지한 표정으로 바꿔봤습니다.

MAman's Voice

360도가 전부 아름답다

어디서 봐도 위화감이 없도록, 미소녀의 아름다운 보디 라인을 소중히 살리면서 음영을 줬습니다.

MAman's Voice

발색을 조금 강하게!

머리카락과 깃털의 투명감은 유지하면서 전체적인 발색을 강하게. 씩씩한 존재감을 표현했습니다.

CHAPTER. 2
애니메이션 도색 초급편

먼저 붓 다루는 방법부터 연습해봅시다.
익숙해지면 피규어를 칠합니다.
배워야 할 기본적인 테크닉은 세 가지.
하나씩 확실하게 마스터합시다.

CHAPTER.2 | 애니메이션 도색 **초급편** | 붓 다루는 방법

붓 모양을 다듬는다

가는 선을 긋고 윤곽선을 그리는 등 세세한 작업을 할 때는 도료를 머금은 다음에 붓끝을 잘 다듬어주세요. 과도하게 머금은 도료를 덜어내면서 뾰족하게 만들어줍니다. 붓끝을 다듬기 위해서는 붓에 머금은 도료가 굳기 전에 자주 씻어주는 등, 평소 관리가 중요합니다. 사용한 뒤에는 도료를 확실하게 씻어내고 붓끝을 가늘게 다듬어서 보관하세요.

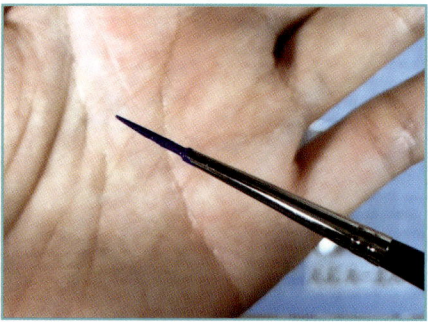

칠하기 시작할 때는 사진처럼 붓끝이 가늘게 모이고, 도료가 뚝뚝 떨어지지 않아야 합니다.

붓을 사용한 뒤에는 린스로 관리
(P023 참조)

붓은 손질을 잘 하면 오래 쓸 수 있습니다. 붓끝이 모이지 않게 됐을 때가 바꿔줄 타이밍.

손의 축을 만든다

펜으로 글씨를 쓸 때와 마찬가지. 손이 떠 있는 상태에서는 칠하기 힘들다는 걸 상상할 수 있을 겁니다.

손의 축에는 두 종류가 있는데 하나는 손끝의 축, 또 하나는 잡는 손의 축. 손끝의 축은 붓을 잡는 손 쪽에 만듭니다. 잡는 손의 축은 사용하는 손과 반대쪽, 피규어를 잡는 손으로 만듭니다. 축을 만드는 방법은 하나만 있는 게 아니니까, 여기서는 기본적인 패턴을 몇 가지 소개하겠습니다. 실제로 시험해보면서 본인이 편한 방법을 찾아보세요.

손끝의 축

패턴 1

붓을 쥐었을 때 반드시 자유로워지는 새끼손가락을 피규어에 대서 축을 만드는 방법.

패턴 2
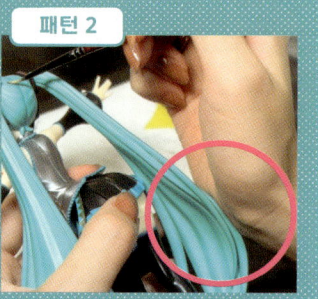
붓을 쥔 손의 손목 부분을 피규어에 대서 축을 만드는 방법.

잡는 손의 축

패턴 1
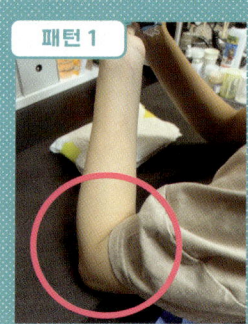
작업 책상에 팔꿈치를 대서 안정시키는 방법.

패턴 2
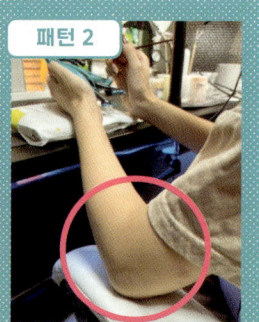
의자 팔걸이에 팔꿈치를 대서 안정시키는 방법.

섬세한 붓놀림을 위해서는 축이 중요!

손의 축을 만드는 이유는 붓을 안정시키고 칠하기 위해. 이것은 섬세한 붓놀림에 필수적인 포인트입니다. 축이 없으면 깔끔하게 칠할 수 없고, 선이 틀어지거나 흔들리게 됩니다.

붓을 대고 떼기

붓으로 칠할 때 붓을 어떻게 움직이든, 반드시 피규어에 붓을 대고 떼는 동작이 발생하는데, 붓도색에서 아주 중요한 기본 동작입니다. 붓을 어떻게 댈지, 그리고 어떻게 떼는지에 따라서 표현하는 선이 달라집니다. 그리고 힘을 얼마나 주고 움직이는지를 뜻하는 필압과도 밀접한 관계가 있습니다. 실제 사례를 보면서 구체적으로 설명하겠습니다.

붓 대기

〈 필압을 세게 〉

붓을 꾹 누르면서 대면 시작점 부분의 모양이 크고 굵어집니다.

〈 필압을 약하게 〉

붓을 살짝 대고 움직이면 시작점 부분의 모양이 작고 가늘어집니다.

붓 떼기

〈 끝까지 필압을 균일하게 〉

붓을 대서 뗄 때까지 같은 필압으로 움직이면, 처음부터 끝까지 강약이 없고 균일한 선이 됩니다.

〈 마지막에 필압을 약하게 〉

떼면서 필압을 약하게 해주면 선이 서서히 가늘어집니다. 2차원 채색에서 많이 사용하는 표현.

CHECK!

뾰족한 부분을 칠할 때

가늘게 칠하고 싶을 때는 필압을 약하게 해서 살며시 슥, 하고 붓을 댑니다. 힘이 들어가면 선이 뭉개집니다.

붓을 세워서 칠한다

비교적 뾰족한 선을 그을 수 있습니다. 가는 부분을 칠할 때나 그려 넣는 작업에 좋습니다.

붓을 눕혀서 칠한다

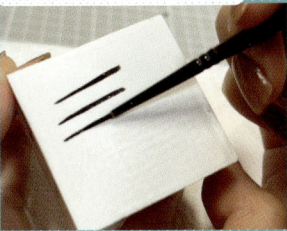

넓적한 느낌의 선이 됩니다. 넓은 면적을 균일하게 칠할 때 좋습니다.

CHAPTER.2 | 애니메이션 도색 **초급편** | 하이라이트를 넣자

먼저 2차원 채색의 가장 기본 테크닉인 하이라이트 넣는 방법을 배워보겠습니다. 피규어에 빛을 비췄을 때 밝아지는 부분이 하이라이트를 넣는 곳입니다. 하이라이트를 선명하게 넣어주면 확실하게 2차원적인 느낌이 됩니다.

사용한 피규어는 이것

미나토 아쿠아

홀로라이브 프로덕션 소속 홀로라이브 2기생 버추얼 유튜버 미나토 아쿠아가 주인님께 오므라이스를 전해드립니다.! 면적이 넓은 마린 메이드복의 베이스 컬러가 짙은 남색이라서, 하이라이트의 효과를 실감하기 쉽기에 교보재로 선정. 머리카락의 컬도 하이라이트 넣는 방법을 배우는 데 아주 좋습니다.

START!!

STEP 1 광원의 위치를 정한다

피규어의 베스트 앵글(메인으로 보여주고 싶은 각도)을 설정하고, 실제로 빛을 비추면서 광원의 위치를 생각해보세요. 고민이 되면 약간 대각선 위쪽으로 설정하면 위화감이 적고 자연스럽게 보입니다. 이번에는 칠하는 쪽에서 봤을 때 오른쪽 위로 설정. 어떤 부분이 밝아지는지, 피규어에 대략적인 밑그림을 그려두면 알기 쉽습니다.

STEP 2 스커트 앞쪽을 칠하기

먼저 피규어에 칠했을 때의 색감을 체크.

피규어를 움직여서 칠하기 쉬운 각도를 확보.

스커트 색과 같은 색감의 도료를 준비하고 흰색을 조금씩 섞어가는 방법으로 하이라이트용 도료를 준비. 완성한 도료를 붓에 머금고 윤곽선을 그린 뒤에 안쪽을 칠합니다.

POINT!
하이라이트 색을 정하는 방법
원래 색인 베이스 컬러를 기준으로, 명도가 확실하게 높은 색으로 칠하세요.

STEP 3 양쪽 소매, 가슴의 리본 칠하기

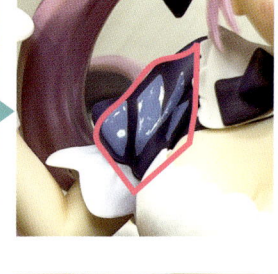

빛을 비췄을 때 밝은 부분을 따라가는 것처럼 칠해갑니다.

익숙해지기 전에는 붓을 살살 움직이는 것이 실패하지 않는 요령.

오른쪽 어깨, 왼쪽 어깨, 가슴의 리본을 칠합니다. 면적이 적은 부분을 칠할 때는 붓에 도료를 조금만 머금으세요. 철벅, 하고 눌러서 칠하지 말고, 붓을 최대한 세워서 살짝, 하고 도료를 입혀가는 이미지로 칠해주면 삐져나오는 등의 실패를 줄일 수 있습니다.

STEP 4 피규어 뒤쪽을 칠하자

선을 똑바로 그리는 건 의외로 어렵다…!

복잡한 모양이라도 윤곽선을 꼼꼼하게 그리면서 칠하면 문제없습니다.

등과 치마 등, 피규어 뒤쪽을 칠합니다. 지금까지 작업하면서 윤곽선을 그리는 감각을 익혔다면, 면의 위치나 윤곽선에 맞게 붓을 대고 떼는(P033 참조) 동작을 의식하면서 칠해보세요.

> **POINT!**
> **윤곽선은 한 번에 긋지 않아도 됩니다**
> 윤곽선은 붓끝을 다듬고 여러 번에 나눠서 그려도 OK. 각이 날카롭고 선명한 모양을 의식!

STEP 5 리본 칠하기

메인 광원을 그리는 쪽에서 봤을 때 대각선 위쪽으로 설정했지만, 양쪽 리본 모두 선명한 하이라이트를 넣고 싶을 때는, 광원에 가까운 쪽 리본에 하이라이트를 조금 많이 넣어주세요. 양이나 모양으로 균형을 잡아줍니다.

빛이 비치는 상태를 의식해서 칠할 모양을 정합니다.

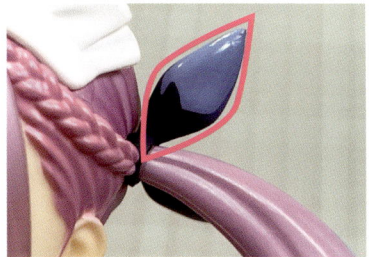

STEP 6 신발 칠하기

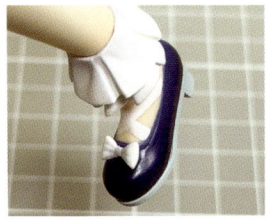

둥그스름한 부분이나 끝부분을 메인으로 하이라이트를 넣어줍니다. 하이라이트의 모양은 대략적인 위치만 정하면 되니까, 살짝 편하게 가볍습니다. 이번에는 발이니까 하이라이트 면적을 살짝 자제해봤습니다. 측면에 가는 선을 살짝 그었는데, 취향에 따라서는 좀 더 대담하게 해도 됩니다.

소품이나 부속품도 신경 쓰면서 칠해주세요.

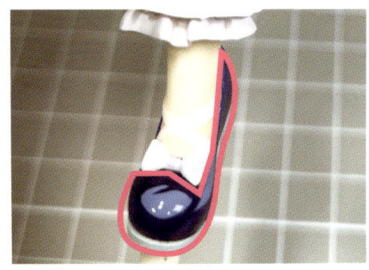

STEP 7 왼쪽 머리카락 칠하기

  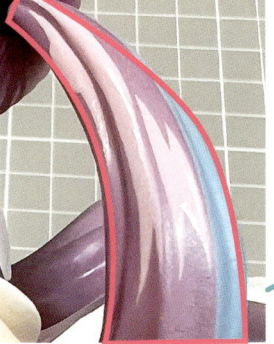

커브 조형은 평면보다 빛이 닿는 형태가 복잡합니다.

> **POINT!**
> **하이라이트의 위치와 모양을 정하는 힌트**
> ①광원에 가까운 부분
> ②곡선 부분의 튀어나온 부분
> ③빛이 많이 닿는 부분
>
> 이 세 가지만 알아두면 기본은 OK. 이번에는 광원을 칠하는 사람이 봤을 때 오른쪽 위로 설정했으니까, 피규어의 왼쪽에 하이라이트가 많이 들어갑니다.

원래 핑크색인 머리카락 색에 가까운 도료를 준비하고, 흰색을 추가해서 하이라이트용 도료(밝은 핑크)를 만들어줍니다. 머리카락이 빙글, 하고 커브를 그리고 있으니까 휘어진 부분의 정점을 굵게 그리고, 가늘고 긴 초승달을 그리는 이미지로 양쪽 끝을 서서히 가늘게 그려주면 좋습니다.

STEP 8 오른쪽 머리카락, 앞머리 칠하기

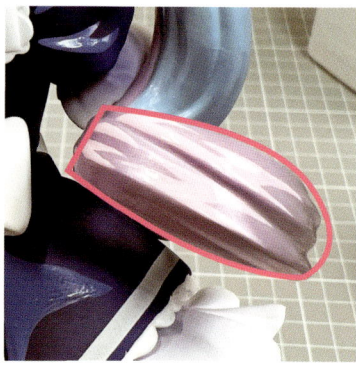

오른쪽 머리카락, 앞머리도 왼쪽 머리카락과 같은 요령으로 칠해줍니다. 휘어진 부분의 정점은 하이라이트를 듬뿍. 앞머리는 빛이 닿는 이마 언저리를 많이 칠해주세요. 머리카락의 흐름을 따라서 하이라이트를 넣어주면 선명하게 두드러지는 모양이 됩니다. 사이드의 땋은 머리 부분에도 하이라이트를 칠해줍니다. 얼굴과 주변 등의 인상을 크게 좌우하는 부분은, 캐릭터의 자료나 일러스트를 준비해서 같은 요령으로 하이라이트를 그려주는 것도 좋습니다.

STEP 9 하이라이트의 위치가 고민될 때 해결책

하이라이트를 어디에 어떻게 그려줄지 고민될 때는, 피규어 사진을 찍어서 확인해보면 좋습니다. 그렇게 하면 보이는 각도가 고정되니까, 조금이나마 평면 일러스트와 가까운 감각으로 피규어를 볼 수 있습니다.

POINT! 전체의 빛과 그림자를 관찰하자

사진으로 확인하는 또 한 가지 메리트는, 국소적이 아니라 전체를 대략적으로 볼 수 있다는 점입니다. 조명을 설정한 광원에 맞춰두고 촬영하면 더 알기 쉽습니다.

STEP 10 머리카락의 파란 부분을 칠하자

파란 머리카락 색에 가까운 색 도료를 준비하고, 흰색을 추가해서 하이라이트용 도료(밝은 하늘색)을 준비합니다. 핑크색 머리카락을 칠할 때와 같은 요령으로 하이라이트를 그려주세요. 하이라이트를 그리는 장소와 면적이 커지면 번쩍, 하는 인상이 되니까 취향에 따라 조절하세요.

칠하는 면적이 적으니까 도료는 조금만 준비해도 됩니다.

STEP 11 오므라이스 칠하기

튀어나온 케첩 부분에 묻지 않도록 위에서 작업

POINT! 붓 모양을 다듬자

사진의 케첩처럼 가는 부분에 하이라이트를 그릴 때는 붓 모양을 다듬는 것을 의식하면서 칠하면 좋습니다. 붓끝을 확실히 뾰족하게 만들어서 슥, 하고 가늘게 그려주세요.

마지막으로 오므라이스에 하이라이트를 넣어줍니다. 달걀 부분, 케첩 부분에 각각 지금까지와 같은 요령으로 하이라이트용 도료를 준비. 달걀 부분은 요철이 없으니까 하이라이트를 그릴 면적이 넓어집니다.

Before

그림자를 넣지 않고 하이라이트만 넣었는데 전체적으로 선명한 인상이 됐습니다. 조금 더 자연스럽게 처리하고 싶은 경우에는, 전체적으로 하이라이트를 그리는 면적을 줄여서 선처럼 가늘게 넣어보세요.

After

CHAPTER.2 | 애니메이션 도색 **초급편** | 색을 바꾸자

피규어를 전부 새로 칠하는 게 아니라 머리카락이나 옷 같은 일부 색만 바꿔줘도 이미지가 확 달라집니다. 그러데이션을 선명하게 구분해서 2차원다운 느낌을 강조하는 것도 이 작업을 통해서 확인해보세요. 테크닉적으로는 넓은 면적을 칠하는 요령과 마스킹 방법을 배워보겠습니다.

사용한 피규어는 이것

POP UP PARADE 우사다 페코라

버추얼 유튜버 그룹 홀로라이브 3기생이고, 당근을 너무나 사랑하는 토끼 귀 여자아이. 넓은 면적을 칠할 때는 좁은 부분보다 아주 조금 난이도가 올라가는데, 완만한 조형의 옷 부분으로 그것을 실천해보기 위해서 선택했습니다. 또한 머리카락의 그러데이션을 선명하게 구분해서 칠하는 2차원 채색으로!

START!!

STEP 1 왼쪽 상반신 칠하기

넓은 면적을 칠할 때는 뭉치지 않도록 적당히 구역을 나눠주세요. 각 구역에 하이라이트를 넣을 때와 마찬가지로 윤곽선을 그린 뒤에 안쪽을 칠해줍니다. STEP 6까지는 구역을 구분한 하나의 예일뿐이고, 실제로는 자신이 작업하기 편한 방법으로 구분하면 됩니다.

칠할 면적의 윤곽선을 그리는 것부터 시작

POINT!

붓에 머금는 도료의 양

칠하는 면적에 따라 조정이 필요합니다. 넓은 면적은 잔뜩, 좁은 면적은 도료가 흐르지 않도록 적당히 털어낸 뒤에 칠하세요.

STEP 2 왼쪽 스커트 앞쪽 칠하기

오른손잡이는 반시계방향으로 칠해주면 손의 축을 정하기 쉽습니다.

같은 방향으로 붓을 움직이면서 넓은 면적을 칠합니다.

STEP 3 왼쪽 스커트 뒤쪽 칠하기

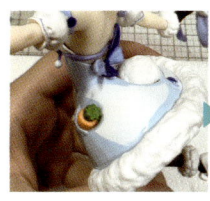 

주머니 등, 조형의 포인트를 분할의 기준으로 삼으면 칠하기 쉽습니다.

먼저 칠한 부분이 어느 정도 마른 뒤에 다음 장소로

STEP 4 오른쪽 스커트 뒤쪽 칠하기

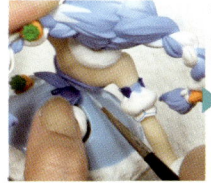 

붓자국이 걱정되면 좀 더 세세하게 분할해서 칠해주세요.

칠하는 데 방해가 되는 조형은 손으로 눌러서 틀어줘도 됩니다.

STEP 5 오른쪽 상반신과 오른쪽 스커트 옆쪽 칠하기

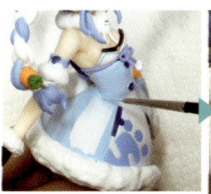 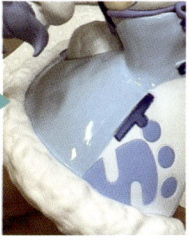

복잡한 면을 칠할 때는 색과 색의 경계선 부분을 먼저 칠한 뒤에 나머지를 칠해주세요.

조형의 우묵한 부분은 빠트리기 쉬우니 주의.

STEP 6 오른쪽 스커트 앞쪽 칠하기, 완성

POINT!

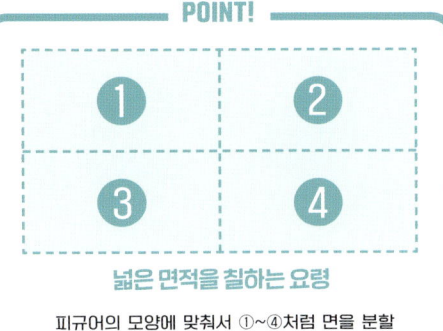

넓은 면적을 칠하는 요령

피규어의 모양에 맞춰서 ①~④처럼 면을 분할하고, 한 구역씩 칠해주세요.

마지막으로 오른쪽 스커트 앞쪽을 칠합니다. 이걸로 전체를 다 칠했습니다. 마지막으로 덜 칠한 부분이 없는지 확인해보세요. 경계선 부분 등 세세한 곳까지 깔끔하게 칠했으면 의상 색 바꾸기는 완성.

STEP 7 마스킹하기

POINT!

쿠션이 있으면 안전

수건에 랩과 키친 타월을 감은 자작 쿠션. 피규어를 잡는 손을 받칠 때 도움이 됩니다. 작업 중에 피규어를 내려놓을 때도 도막이 상하는 걸 막아줍니다.

머리카락을 칠하기 전에 얼굴 등에 도료가 묻지 않도록 마스킹 테이프로 보호해주면 안심. 도료가 묻을 것 같은 부분을 상상해서 이마와 앞머리 사이에도 테이프를 끼워 넣습니다. 손이 닿지 않는 부분은 핀셋 등을 사용해서 안쪽까지 확실하게 보호해주세요. 도료가 튈 수도 있으니까, 불안할 때는 넓은 범위를 마스킹해주세요.

STEP 8 머리카락 색을 보라색으로 바꾸자

머리카락 그러데이션 부분에 선명한 윤곽선을 그린다

POINT!

칠하는 부분에 적합한 붓을 고르자

넓은 면적을 칠할 때는 조금 큰 면상필(위)이나 평붓(아래), 필버트(중앙)으로 바꿔주면 작업 속도 향상! 너무 크면 세세하게 그리기 힘드니까 주의.

보라색 도료를 준비. 윤곽선을 그린 뒤에 안쪽을 칠해주세요. 앞머리, 옆머리, 뒷머리 등, 적당히 구역을 나눠서 칠하세요. 그러데이션 부분은 선명하게 구분하는 것을 의식해서 윤곽선을 그려줍니다. 붓을 대고 떼기(P033 참조)에 주의하면서 가볍게 슥, 하고 그려보세요.

STEP 9 땋은 머리 부분 칠하기

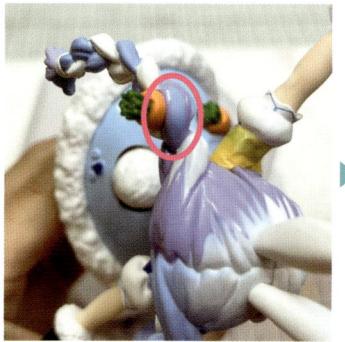

좁은 면적도 색의 경계 부분을 먼저 칠한 뒤에 안쪽을 채워주는 쪽이 효율도 좋고 깔끔하게 칠할 수 있습니다. 하얀 부분은 그대로 남길 테니까, 파란 부분만 신중하고 꼼꼼하게 칠해주세요. 다양한 각도에서 확인하면서 안 칠한 부분이 없는지 확인. 머리카락 색 바꾸기가 끝나면 도료가 마른 뒤에 마스킹 테이프를 벗겨주세요.

STEP 10 스커트 무늬와 주머니 칠하기

같은 색을 칠하는 부분은 한 번에 작업하는 쪽이 효율적입니다. 스커트 무늬를 머리카락과 같은 보라색으로 바꿨으니까, 이번에는 진한 파란색 도료를 준비해서 주머니를 칠합니다. 조형의 선을 따라가는 것처럼 윤곽선을 그려주세요. 자잘한 곳일수록 붓의 터치는 가능한 한 살~~짝!

STEP 11 당근 칠하기

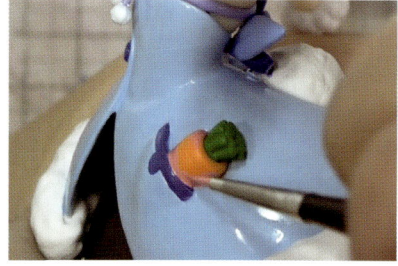

작은 부분을 칠하니까 신중&꼼꼼하게!

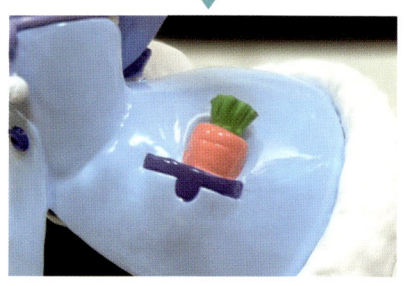

주머니와 땋은 머리에 꽂혀 있는 당근의 색을 바꿔봅시다. 주의할 점은 원래 색 위에 칠하는 색의 상성. 원래 색보다 약한 색을 얹을 때는 아래 색이 비치지 않도록 여러 번 칠해야 하는데, 그러다가 붓자국이 생기기 쉽습니다. 그럴 때는 일단 칠한 도료가 어느 정도 마른 뒤에 같은 색을 꼼꼼하게 겹쳐서 칠하면 깔끔하게 칠해집니다.

STEP 12 전체적인 질감을 통일

이번에 사용한 피규어는 원래 무광 질감이었습니다. 새로 칠한 부분은 광택이 있기 때문에, 그대로 두면 뭔가 통일감이 없습니다. 그래서 전체적인 질감을 맞추기 위해 탑코트(P023 참조)로 마감합니다. 피규어에서 조금 떨어진 곳에서 탑코트를 위아래나 좌우로 슥~ 하고 움직이면서 뿌려주세요.

POINT!

탑코트도 종류가 많습니다

도료 종류별로 각각 유광, 반광, 무광이 있으니까, 이미지에 맞춰서 고르세요. 사용할 때는 꼭 환기를 해주세요!

Before

전체적으로 색의 경계가 선명하고 2차원다운 느낌이 듭니다. 인상을 크게 바꿔준 덕분에 오리지널리티도 연출할 수 있고, 완성했을 때 달성감도 맛볼 수 있습니다. 다양한 피규어에 적극적으로 도전해보세요. 색을 바꿔 칠하는 작업이지만, 완성도에는 붓놀림이 큰 영향을 줍니다. 완성도를 높이려면 붓칠 기술 향상이 필수입니다. 그리고 머리카락 면적이 넓고 옷에 무늬가 많고 액세서리나 소품이 달려 있는 등, 칠할 포인트가 많은 피규어를 고르면 오리지널리티를 살리기 쉽습니다.

After

CHAPTER.2 | 애니메이션 도색 **초급편** | 선 그리기

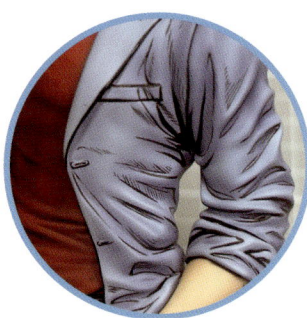

선 그리기란 윤곽 등에 선을 그려주는 것. 윤곽선은 일러스트 특유의 표현 중 하나이기에, 입체물인 피규어에 일부러 윤곽선을 그려주면, 2차원 일러스트 같은 시각 효과를 줄 수 있습니다. 그 밖에도 그림자나 주름을 만드는 등, 다양한 패턴의 선을 그려보겠습니다. 어떤 곳에 선을 넣으면 효과적인지 배워봅시다.

사용한 피규어는 이것

ARTFX J 사에바 료

애니메이션 방송 30주년 기념 「극장판 시티 헌터 〈신주쿠 프라이빗 아이즈〉」에 등장한 주인공 사에바 료의 피규어. 옷 위에서도 느껴지는 근육질 몸, 재킷과 바지의 자잘한 주름, 무엇보다 작품의 드라마틱한 세계관을 선 그리기 표현으로 두드러지게 해줄 수 있습니다.

S T A R T ! !

POINT!
어디에 선을 그리면 좋을까?

기본적으로 선을 그리는 곳은 조형의 윤곽선이나 골이 있는 부분. 일러스트를 봤을 때 선이 들어가 있는 부분을 생각하면 이해하기 쉽습니다.

STEP 1 | 재킷에 대략적인 선을 그리자

   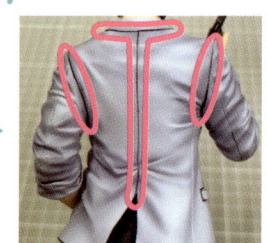

붓끝을 모으고 슥, 하고 붓을 움직이면서 선을 그린다.

가는 골을 칠할 때는 도료를 잘 털어내는 걸 의식하세요.

먼저 조형의 테두리를 그리는 것처럼, 소위 말하는 아웃라인에 검은 도료로 선을 그려줍니다. 재킷 옷깃과 소매 부분이 알기 쉽습니다. 다음으로 재킷 등쪽의 세로선 등, 골이 있는 부분에 선을 그립니다.

STEP 2 | 재킷의 세세한 곳에 선 그리기

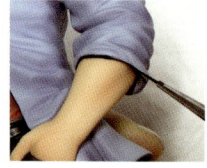 
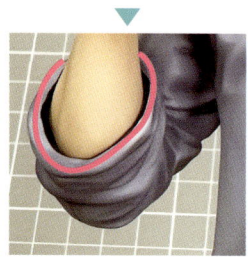 

우묵한 부분을 칠할 때는 붓끝을 특히 뾰족하게.

벨트 등의 소품에도 신경 써주면 완성도가 높아집니다.

팔과 재킷 사이에 있는 커다란 골은, 선을 그린다기보다는 우묵한 부분을 칠하는 느낌으로 작업하세요. 단추나 주머니, 벨트 등의 자잘한 부분도 테두리를 그려줍니다. 몸의 관절 부분은 움직임에 따라서 주름이 많이 들어가기 쉬운 부분. 주름의 흐름을 따라서 선을 그려주세요.

STEP 3 | 신발에 테두리 그리기

다른 곳과 마찬가지로 주름이나 봉합선 등을 따라 선을 그리는 이미지

신발은 원래 검정에 가까운 색이지만, 새카만 색이 아니라면 선을 그려주세요. 잘 보이지는 않지만, 선을 그려주면 두드러지는 인상을 줍니다.

STEP 4 손에 선 그리기

손톱과 손목의 선은 알아보기는 힘들지만, 선 그리기의 효과가 큰 부분

손에 선을 그리는 요령은 칠하는 캐릭터에 맞춰서 부분적으로 그리거나, 일부러 선을 끊어지게 해주는 것. 이번에는 남성 캐릭터라서 손가락 사이와 손금, 골격을 확실하게 그려줬습니다. 자기 손을 참고하면서 피부 속에 있는 뼈의 라인을 그립니다. 여성 캐릭터의 경우에는 중급편「그림자, 색, 선 그리기」(P052 참조)에서 해보겠습니다.

POINT!
슥, 하고 선을 그려주기만 해도 효과적

그림자를 그리는 데 자신이 없다면, 목덜미나 쇄골을 강조하는 선을 가볍게 그려주기만 해도 OK. 인상이 크게 달라지고 멋있어집니다.

STEP 5 턱밑에 그림자 그리기

보통 턱밑은 빛이 닿지 않는 곳이니까 검은색으로 칠해줍니다. 턱밑에서 하관 언저리까지 얼굴의 윤곽을 의식하면서 칠하면 실패를 줄일 수 있습니다. 여기까지가 선 그리기의 한 고비니까, 여기서 끝내도 됩니다.

칠하기 쉽도록 피규어를 잡는 각도를 조정해 주세요.

POINT!
포인트 앵글에서 잘 관찰!

페이스 라인은 캐릭터의 인상을 좌우하는 중요한 포인트. 위화감이 들지 않도록 포인트 앵글에서 관찰하면서 칠하세요.

STEP 6 목에 선 그리기

균형을 보면서 신중하게, 가는 선을 그려주세요.

조금 난이도를 높여서, 면 부분에 선을 그립니다. 일정한 방향으로 가는 선을 여러 개 그려서 그림자를 만들어주는 이미지. 그림자가 진해지는 부분은 선을 많이 그려줍니다. 이 가는 선으로 캐릭터의 중후한 느낌을 강조할 수 있습니다. 이번엔 남성다운 느낌이 두드러지도록 거친 선을 여러 개 그렸습니다.

STEP 7 얼굴에 선 그리기

얼굴에 선을 그려주면 인상에 큰 영향을 주니까, 일러스트 등의 자료를 확인하면서 신중하게. 먼저 콧줄기를 그려주고, 콧구멍 언저리에 가는 선을 그려줍니다. 입가는 입꼬리를 올려주면 웃는 인상, 내리면 화난 인상이 됩니다. 눈가는 눈두덩과 콧줄기를 연결하는 것처럼 그림자를 넣어주면 인상이 강하고 늠름한 느낌이 됩니다. 익숙해지기 전에는 조금씩 추가하면서 그려보세요.

입꼬리를 조금 올려서 후, 하고 살짝 웃는 표정을 연출했습니다.

STEP 8 재킷 주름에 선 그리기

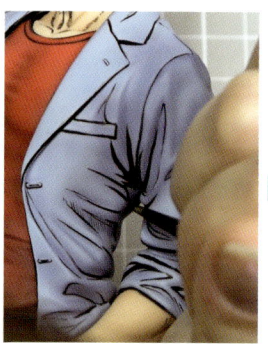

그림자가 생기는 모습을 관찰하면서 재킷의 주름을 표현해봅시다.

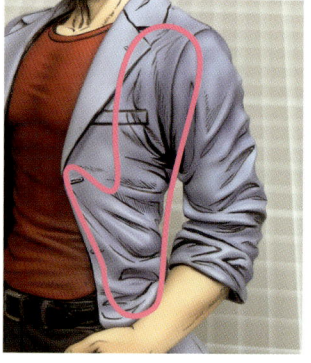

POINT! 조형의 골 부분에 선 그리기

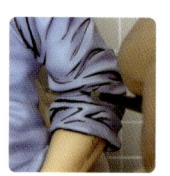

주름의 요철을 두드러지게 해주기 위해, 우묵한 부분에 선을 그려줍니다. 굵기와 길이를 어레인지하면 개성적으로 오리지널리티를 표현할 수 있습니다.

먼저 팔꿈치 언저리의 주름에 선을 그립니다. 선을 전부 그리면 지저분해지는 경우도 있으니까, 선을 안 그리거나 중간에 끊어지게 해도 OK. 겨드랑이나 허리의 주름이나 그림자는, 균형을 보면서 넓게 칠해줘도 좋습니다.

POINT! 재킷의 그림자가 생기는 부분

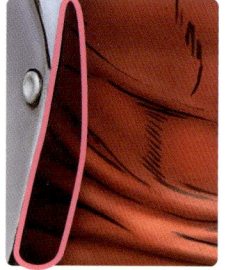

재킷과 빨간 셔츠 사이에 틈새가 있는데, 재킷의 그림자가 생기는 부분을 전부 까맣게 칠해주면 일러스트적인 느낌이 강해집니다. 우묵한 부분이라서 난이도는 높습니다.

STEP 9 좋은 체격을 강조하는 선 그리기

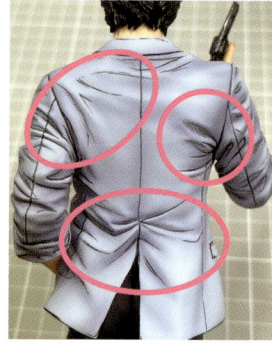

빨간 셔츠 부분에는 가슴 근육의 두께와 부풀어 오른 느낌이 강조되도록, 셔츠의 주름과 가슴 근육 아래에 그림자를 그려주세요. 등도 마찬가지로, 늠름한 광배근을 의식하면서 재킷의 주름을 그립니다.

빨간 T셔츠가 당겨진 선을 그려서 가슴 근육 두께를 표현.

몸이 움직이면서 생기는 옷 주름을 가능한 한 꼼꼼하게 챙겨주세요.

STEP 10 바지 주름에 선 그리기

잘 보이지 않을 것 같은 선도 그러보면 의외로 효과가 있습니다.

포인트는 사타구니와 엉덩이 아래, 무릎 아래와 무릎 뒤쪽의 주름을 확실히 그려주는 것. 옷의 봉합선이 있는 경우에는 그걸 따라서 그려주는 것도 OK. 봉합선에서 나오는 잔주름도 표현해주면 멋있어집니다.

STEP 11 머리카락에 선 그리기

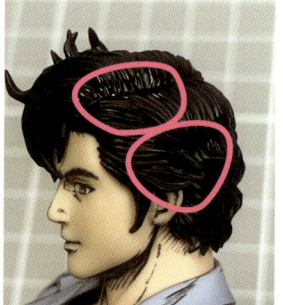

완전한 흑발 캐릭터는 선을 그려도 눈에 띄지 않지만, 이번엔 완전히 까만색은 아니니까 선을 그려줍니다. 가르마 부분은 그림자가 생기기 쉬우니까 선을 많이 그려줘도 OK. 가는 선은 붓도 가는 것으로 바꿔서 그려주세요.

Before

선 그리기는 알기 쉽게 2차원다운 느낌을 표현할 수 있는 중요한 테크닉입니다. 완성한 피규어를 여러 각도에서 보고 있으면, 그림이 움직이는 것 같은 착각을 하게 됩니다. 가는 선을 많이 그릴수록 난이도가 높아지지만, 테두리나 골을 따라서 그리는 정도라면 너무 어렵게 생각하지 않고 그려도 됩니다. 전체 균형을 보고 선을 그리는 곳을 조금씩 늘려가다 보면, 감각을 파악할 수 있을 것입니다.

After

CHAPTER.2 | 애니메이션 도색 **초급편** | 자주 하는 고민 Q&A

Q.1 ‖ 선이 생각한 대로 그려지지 않는다

ANSWER : 손의 축을 확실하게 만드세요

선이 흔들린다, 생각보다 굵어진다. 그럴 때는 손의 축을 확실히 만들어서 붓을 안정시키세요(P032 참조). 손의 축은 두 가지가 있는데 하나는 손끝 축, 또 하나는 잡는 손 축. 손끝 축을 만들 때는 붓을 쥔 손의 손목, 또는 새끼손가락을 피규어 등에 대고 안정시킵니다. 잡는 손 축은 작업 책상, 또는 의자 팔걸이에 팔이나 팔꿈치를 대고 만듭니다. 팔꿈치가 아픈 사람은 쿠션 패드 등을 사용해도 됩니다. 그리고 붓 모양을 다듬는 것도 신경 쓰세요. 도료를 머금은 뒤에 붓끝을 뾰족하게 만들어주는 감각으로 다듬으면서 도료를 적절히 털어내면, 가는 선을 그리거나 윤곽선을 그리는 등의 세세한 작업이 쉬워집니다.

Q.2 ‖ 색이 삐져나왔다

ANSWER : 밑에 칠한 도료로 덧칠하세요

칠하고 싶은 모양의 경계에서 색이 삐져나왔다, 이상한 모양이 됐다. 그런 경우에는 색을 덧셈한다는 생각으로 수정할 수 있습니다. 즉, 밑에 칠한 것과 같은 색 도료로 덧칠하면 됩니다. 피규어 리페인트에서는 지우개로 지우는 방식으로 수정하려고 하면 되레 엉망이 돼버릴 위험이 있습니다. 일부 예외가 있는데, 밑칠에 래커 도료를 사용하지 않았을 때는 희석액으로 닦아낼 수 있는 경우도 있습니다.
처음에 생각했던 것과 다른 모양으로 변경하는 리커버리 방법도 있는 등, 자유로운 리페인트니까 실패도 성공으로 바꿔줄 수 있습니다.

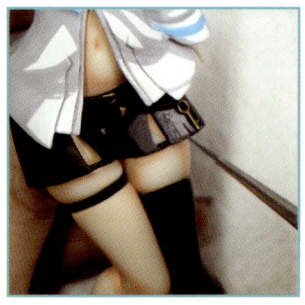

Q.3 ‖ 도료가 옆으로 튀었다

ANSWER : 마르기 전에 희석액으로 닦아준다

도료가 다른 곳에 조금 튀었을 때 처리 방법은, 바로 면봉 등에 희석액을 머금고 지우고 싶은 부분에만 살짝 대서 살살 닦아내는 것. 면봉이 지저분해지면 새 면봉으로 바꾸면서 작업하세요. 도료까지 부분적으로 지워진 경우에는, 다시 한 번 같은 색 도료를 칠해서 수정합니다. 또는 큼직한 면봉에 희석액을 머금어서 살짝, 주위를 정리해줍니다. 빠르게 닦아내고 깔끔하게 지워진 경우에는, 도료로 수정하지 않아도 괜찮은 경우가 있습니다. 희석액으로 닦아낼 때 면봉을 사용하는 경우, 미세한 섬유 조각이 피규어에 붙을 수도 있으니까, 작업한 뒤에 섬유 조각이 남아 있지는 않은지 확인하세요.

Q.4 붓의 털이나 먼지가 묻어버렸다

ANSWER : 핀셋 등으로 떼어내세요

칠할 때 붓의 털이 빠져서 피규어 표면에 붙어버리는 건 흔히 있는 일입니다. 그런 것들을 발견했다면 그 시점에서, 도료가 굳기 전에 제거해주세요. 들떠 있는 경우에는 족집게나 핀셋으로 집어서 제거할 수 있습니다. 표면에 완전히 달라붙은 경우에는 이쑤시개 등의 뾰족한 것으로 살짝 들어 올린 뒤에 핀셋으로 제거하세요. 예방하려면 붓에 도료를 머금기 전에 손가락으로 붓을 살짝 집어서 빠진 털이 있는지 확인해주세요. 도료가 완전히 굳어버리면 제거하기 힘드니까, 작업하는 중에 잘 신경 써주세요.

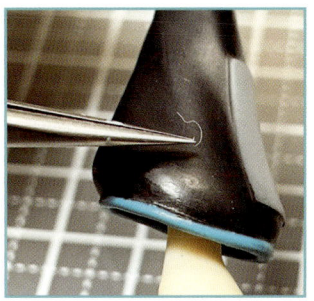

Q.5 생각했던 것과 달라서 다시 하고 싶다

ANSWER : 큰마음 먹고 그대로 완성하세요

다른 색을 칠했다거나 그림자를 더 어둡게 하고 싶다, 칠해봤더니 생각했던 색이 아니었다 등등 2차원 채색을 하다보면 색을 바꾸고 싶어지는 경우는 일상다반사. 누구나 지나가는 길이니까 불안하게 생각할 필요는 없습니다.
어떻게 다시 칠해야 좋을지 모를 단계까지 진행한 경우에는, 큰마음 먹고 그대로 완성하는 것도 한 가지 방법입니다. 칠할 때는 미묘하다는 생각이 들었지만 끝까지 칠해보면 의외로 괜찮은 경우도 흔합니다.
다시 칠할 각오를 했다면, 겹칠하는 방법으로 색을 바꿔주세요. 하지만 겹쳐 칠하다 보면 도막이 점점 두꺼워지니까, 가능한 한 피하고 싶습니다.

전부 칠했더니 때 괜찮은 느낌!

Q.6 도료가 긁혀버렸다

ANSWER : 마르기 전에 붓으로 살살 문질러서 커버

긁힌 부분을 발견한 시점에서 바로, 같은 색 도료로 살살 문지르는 것처럼 붓을 문질러서 다듬어주세요. 넓게 문지르는 게 아니라 가능한 한 긁힌 부분만.
긁힌 도료가 뭉친 경우에는 붓에 희석액을 적시고 적당히 털어낸 뒤에, 뭉쳐서 부풀어 오른 도료를 녹여서 평평하게 해줍니다. 어느 정도 평평해졌으면 도료를 겹칠해서 커버할 수 있습니다. 이 방법은 도료에 요철이 생긴 경우 전반에 응용 가능합니다.

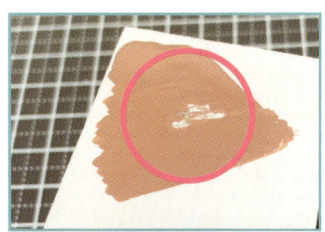

MA만 작례 사진 vol.2

「꽃의 케이지 극 statue vol.1
마에다 케이지 일러스트 컬러
173체 한정판」

/ 자밀

© 隆慶一郎・原哲夫・麻生未央／コアミックス 1990

MAman's Voice

케이지다운 느낌 전개!

하라 테츠오 선생님의 사나이 냄새나는 터치와 극채색을 이미지로 한, 선명한 발색과 음영.

MAman's Voice

조형의 아름다움을 강조

원래 아름다운 조형을 두드러지게 하는 색채와 발색을 의식. 자료를 여러 번 확인했습니다.

MAman's Voice

선 그리기 표현을 추구

대담한 선으로 극화풍 터치를 표현했습니다. 선 그리기의 매력을 알게 해준 작품.

MAman's Voice

붓자국도 포인트 중 하나

대담하게 칠해서 일부러 붓자국이 나오게 했습니다. 작품의 세계관에도 어울립니다.

CHAPTER. 3
애니메이션 도색 중급편

초급편에서 배운 테크닉을 조합하면
표현할 수 있는 폭이 단번에 넓어집니다.
어떻게 칠하면 효과적인지,
구체적인 방법을 배워봅시다.

CHAPTER.3 | 애니메이션 도색 중급편 | 그림자·색·선 그리기

여기서는 초급편에서 소개한 테크닉을 바탕으로 복합적인 표현을 배워보겠습니다. 사용하는 테크닉에 따라 어떤 효과를 연출할 수 있는지, 피규어 하나를 통해서 확인해가며 알아보겠습니다. 하이라이트 표현 방법을 적용한 그림자 그리는 방법과, 거기서 발전해서 하이라이트와 그림자의 색 수를 늘리는 방법을 배우고, 마지막으로 선을 그려서 완성. 이런 복수의 테크닉을 조합하는 방법이 익숙해지면, 점점 자신다운 오리지널 작품을 만들어갈 수 있습니다.

사용한 피규어는 이것

POP UP PARADE 시라카미 후부키

대인기 버추얼 유튜버 그룹 홀로라이브 소속. 백발, 동물 귀, 풍성한 꼬리가 차밍 포인트. 머리카락과 옷 등 면적 대부분이 무채색인 흑백으로 칠해져 있어서, 그림자와 하이라이트 색을 비교적 간단히 만들 수 있다는 이유로 교보재로 선택. 이번에 배울 테크닉을 잘 살릴 수 있는 꼼꼼한 조형도 포인트.

START!!

STEP 1 얼굴에 그림자를 그리자

앞머리 모양에 맞춰서 이마 부분에 그림자를 그려줍니다.

칠할 때는 위화감이 들지만, 분해한 머리카락을 다시 조립하면 의외로 자연스럽게 보입니다. 칠하는 중에는 도료가 마른 뒤에 앞머리를 끼워보면서, 몇 번이고 그림자 위치를 확인하면서 진행하세요.

피규어에 빛을 비췄을 때 밝아지는 부분이 하이라이트, 어두운 부분이 그림자가 됩니다. 이번에는 칠하는 사람을 기준으로 대각선 오른쪽 위에 광원을 설정하고, 먼저 얼굴에 생기는 머리카락 그림자부터 칠해줍니다. 칠하기 쉽도록 앞머리 부품을 분해(P026 참조)했습니다.

POINT! 그림자용 도료 준비하는 방법

하이라이트에서는 기본 베이스 컬러에 흰색을 섞으면 간단히 하이라이트용 도료를 만들 수 있었지만, 그림자용 도료(P025 참조)는 주의해야 합니다. 베이스 컬러에 검정을 섞으면 칙칙해지니까, 시판 도료 중에서 색을 고르는 쪽이 무난합니다.

STEP 2 상반신 피부에 그림자 그리기

이번에는 피부에 하이라이트를 그리지 않고 그림자만 그리니까, 베이스 컬러가 가장 밝은 피부색이 됩니다. 칠하는 사람 기준으로 오른쪽 위에 광원을 설정하고 그림자를 그리니까, 피규어의 왼쪽 어깨나 왼쪽 가슴 언저리에 원래 색을 남기고, 가슴이나 겨드랑이 등의 우묵한 부분을 칠해줍니다. 여우 포즈를 하고 있는 손의 그림자도 잊지 마세요.

그림자를 그릴 부분의 윤곽선을 그린 뒤에 안쪽을 채워주세요.

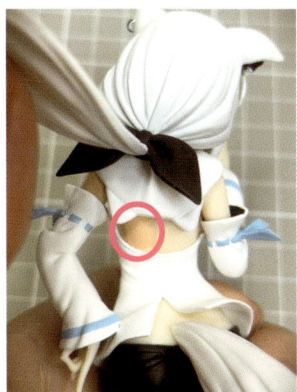

등은 머리카락 그림자가 생기니까, 거의 전체에 그림자를 그려줍니다. 꼬리와 배는 빛이 가장 많이 닿는 부분에 원래 색을 남겨둡니다. 옷이 만드는 그림자의 이미지와 여성답게 둥그스름한 몸을 의식하면서 칠할 모양을 정하세요.

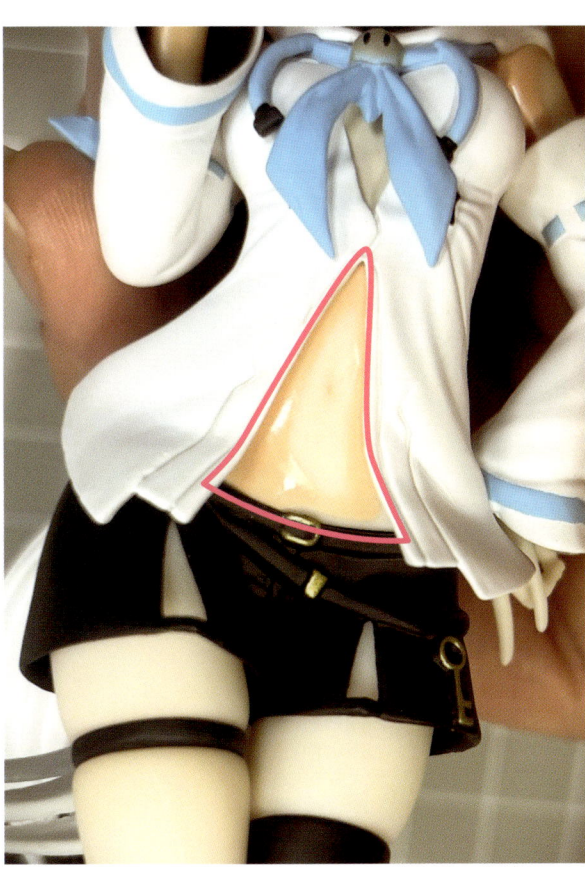

POINT! 여성답게 칠하는 방법

각진 그림자가 2차원다운 느낌을 두드러지게 해주는 경우도 있지만, 여성 피규어의 경우에는 매끄러운 곡선이 되도록 칠하는 쪽을 추천합니다. 커브를 의식하면 조형의 부드러움을 표현할 수 있고 여성다운 느낌이 두드러집니다.

STEP 3 왼쪽 다리 피부에 그림자 그리기

빛이 여러 방향에서 들어오는 탓에 그림자를 어떻게 그려야 좋을지 고민될 때는, 실제로 피규어에 비치는 빛과 그림자를 기준으로 칠하면 됩니다. 광원에 너무 집착하지 않고, 피규어에 비치는 그림자를 확실하게 관찰하세요. 수집한 자료와 사진을 재확인하면서 그림자 위치를 참고하는 것도 효과적입니다.

먼저 피규어의 조형을 잘 관찰, 어디에 그림자를 그릴지 결정.

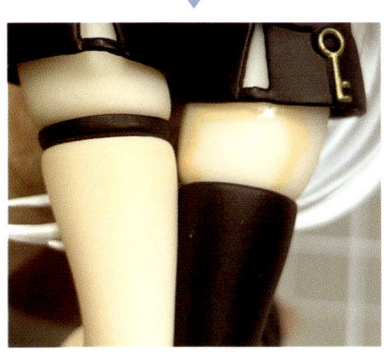

이 피규어의 경우에는 앞쪽에서 빛이 들어오는 데다 다리를 살짝 구부린 포즈가 예쁘게 보이니까, 광원에 가까운 허벅지 앞쪽이 밝아지도록 칠합니다. 칠할 위치를 정했으면 윤곽선을 그립니다.

면적이 가장 작은 왼쪽 다리의 반바지와 니 하이 삭스 사이에 있는 절대 영역부터 칠합니다. 뒤쪽은 거의 그림자 부분이니까, 앞쪽만 남기고 나머지를 전부 칠해주세요.

옆에서 보면 거의 그림자로 칠했다는 걸 알 수 있습니다. 이 부분은 조형적으로도 머리카락과 팔, 반바지 그림자가 생기기 쉬운 부분이니까, 30% 정도만 남기고 나머지는 전부 칠해버려도 됩니다.

STEP 4 오른쪽 다리 피부에 그림자 그리기

오른발을 살짝 들고 있는 포즈니까, 오른쪽 다리는 허벅지 앞쪽과 종아리에도 빛이 닿는 이미지로 칠합니다. 하이라이트로 남길 부분을 정했으면 다 칠했을 때의 이미지를 생각하면서 대략적으로 테두리를 그려주세요. 최종적으로는 전부 칠해버릴 테니까, 선이 조금 흐트러져도 신경 쓰지 마세요.

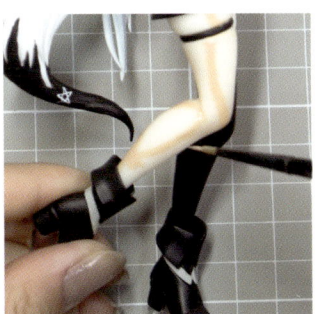

칠하기 쉽도록 피규어의 방향을 바꿔가면서 칠하세요.

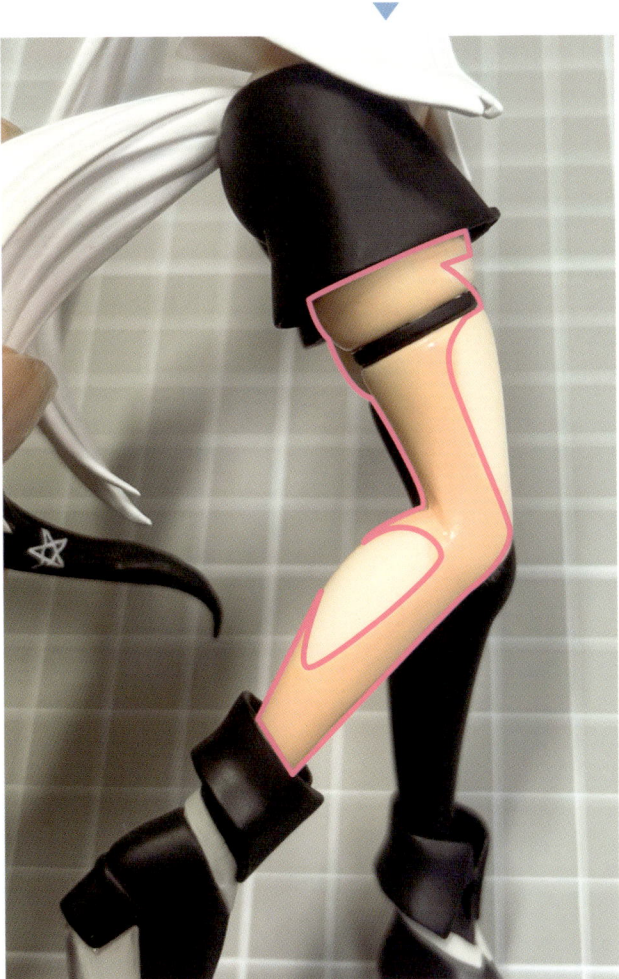

가터벨트 언저리는 그림자를 직선으로 그리지 말고, 벨트 쪽을 향해서 커브를 그리도록 처리해주면 피부의 부드러운 질감을 잘 표현할 수 있습니다. 자잘한 조형을 칠하기 힘들 때는, 한 번에 칠할 수 있는 곳과 붓으로 꼼꼼하게 칠해야 하는 부분을 나눠서 칠해보세요.

POINT! 세세한 조형을 신경 쓰자

가터벨트가 파고든 부분을 의식해서, 피부와 벨트가 만나는 면에 생긴 그림자를 처리해주면, 허벅지의 탄력을 강조할 수 있습니다. 이런 세세한 조형을 신경 쓰면, 전체적으로 봤을 때의 퀄리티를 높여줄 수 있습니다.

STEP 5 검은 옷의 색 수를 늘리자

기본적인 2차원 채색에서는 메인 색(베이스 컬러)를 기준으로 빛이 닿는 부분을 하이라이트, 닿지 않는 부분을 그림자로 칠합니다. 이 하이라이트와 그림자를 더 분할해서 칠해주는 것을 색 수를 늘린다고 합니다. 그 순서를 소개하겠습니다.

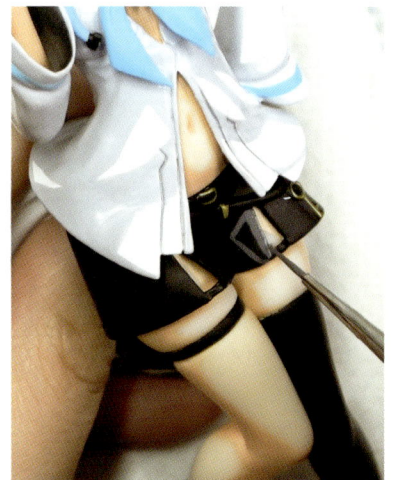

여러 색을 칠할 때는 면적이 큰 색부터 칠해가는 것이 정석

먼저 반바지, 니 하이 삭스, 가터벨트, 신발 등 검은 부분의 색 수를 늘려보겠습니다. 베이스 컬러인 원래 색을 가장 어두운색으로 설정하고 하이라이트❶, 하이라이트❷를 그려줍니다.

이 피규어의 경우
베이스 / 하이라이트❶ / 하이라이트❷

하이라이트❶

하이라이트❶은 허벅지의 흐름을 따라서 그려주면 좋습니다. 반바지 오른쪽 부분에 그려준 하이라이트 모양을 보면 알 수 있습니다. 뒷부분은 엉덩이 모양이나 머리카락, 꼬리 모양을 의식하면서 칠할 모양을 정합니다.

하이라이트❶

이어서 니 하이 삭스, 가터벨트, 신발 등의 나머지 부분에도 하이라이트❶을 그려줍니다. 하반신 피부를 칠할 때는 앞쪽에 광원을 설정했으니까, 같은 이미지로 빛이 닿는 부분을 칠해주세요.

하이라이트❶을 다 칠했으면 한 단계 더 밝은 하이라이트❷를 그려줍니다. 그릴 때 포인트는 철벅, 하고 면으로 칠하는 게 아니라 모퉁이를 살리거나 조형적인 정점에 선을 그리는 이미지. 이렇게 하면 간단하면서도 예쁘게 보입니다.

하이라이트❷

POINT!
하이라이트❷를 그릴 때 주의점

밝은 하이라이트❷를 가늘고 긴 선처럼 그려주면 뼈가 두드러진 것처럼 보일 수도 있습니다. 그럴 때는 포인트에만 짧게 넣어주세요.

STEP 6 하얀 옷에 그림자❶을 그려주자

하얀 옷의 색 수를 늘리기 위해, 베이스 컬러를 가장 밝은 색으로 설정하고 그림자❶, 그림자❷를 그려줍니다. 먼저 밝은 그림자❶부터 그려줍니다. 상반신의 옷을 칠할 때 광원은 그리는 사람 기준으로 대각선 오른쪽 위. 하얀 옷을 칠할 때도 같은 위치에 광원을 설정하고 리본의 무게, 옷 주름, 몸의 움직임 등을 생각하면서 칠해주세요.

※색 샘플은 다음 페이지 참조

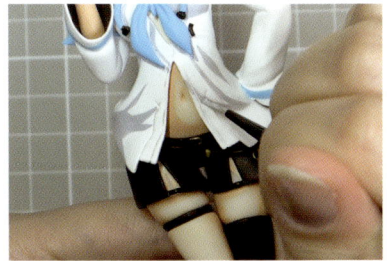

피규어의 조형을 잘 관찰하면서 그림자를 그려주세요.

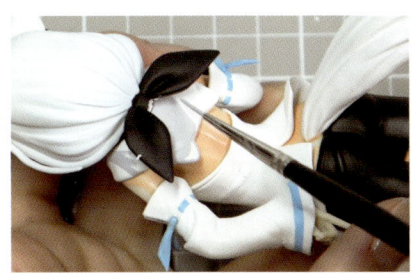

리본을 살짝 들어 올리고 칠해주면 편합니다.

칠하기 전에 어떻게 칠할지 상상해보세요. 우묵한 부분을 칠할 때, 굳이 분해하지 않아도 거슬리는 부분을 잡아당기거나 들어 올려서 칠할 수도 있는데, 이미 칠한 부분을 심하게 변형시키면 도막이 갈라질 수도 있습니다. 붓이 닿을지 걱정되는 부분은 칠하기 전에 미리 분해해주세요.

POINT!
그림자❶만으로도 성립된다는 생각으로 칠하세요

큰 면적을 차지하는 그림자❶의 색이 그림자를 표현하는 주역이라는 점을 염두에 두고 작업하세요. 그림자❷가 없어도 성립하도록 칠한다고 생각하면 됩니다.

STEP 7 하얀 옷에 그림자 ❷를 그려주자

그림자 ❶을 다 그렸으면 한 단계 어두운 그림자 ❷를 그려줍니다. 포인트는 특히 진한 그림자가 생길 것 같은 부분에 칠하는 것. 애매한 선이 아니라 딱, 하고 경계를 구분합니다. 여기까지 작업하면 하이라이트와 그림자 그리기에 따라서 피규어 전체의 정보량이 늘어난다는 걸 알 수 있을 겁니다.

이 피규어의 경우 — 베이스 / 그림자 ❶ / 그림자 ❷

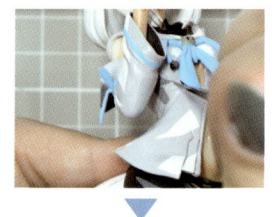

팔의 그림자가 지는 부분과 우묵한 부분부터 처리합니다.

리본 아래와 가슴 아래, 옷의 주름에 그림자 ❷를 그려주면 가슴의 볼록한 느낌과 부드러움, 옷이 펄럭이는 느낌 등을 강조할 수 있습니다. 소매 부분의 그림자를 표현할 때는 팔의 굵기와 모양을 의식하면서 칠해보세요.

허리의 잘록한 부분과 엉덩이의 볼록한 느낌을 의식하면서 그림자 ❷를 칠합니다.

뒤쪽은 팔 아래에서 등에 걸친 부분을 중심으로 그림자 ❷를 그려주면, 허리의 잘록한 느낌과 뒤로 젖힌 느낌을 잘 표현할 수 있습니다. 후드 부분은 머리카락이나 뒤쪽에서 묶은 리본의 모양을 따라가는 것처럼 그려주면 좋습니다.

STEP 8 머리카락과 꼬리에 그림자 ❷를 그리자

이어서 머리카락과 꼬리 작업으로. 베이스 컬러에 그림자 ❷를 그려줍니다. 베이스 컬러는 상반신 옷과 같은 흰색인데, 머리카락이나 꼬리에 설정하는 그림자 색은 눈동자 색과 링크되는 느낌으로, 살짝 녹색이 감도는 색으로 했습니다.

※색 샘플은 다음 페이지 참조

털 흐름을 따라서 붓을 움직이면 잘 칠할 수 있습니다.

칠한 부분을 건드리지 않도록, 조형의 우묵한 부분부터 칠해주세요.

보통은 보이지 않을 것 같은 부분도 꼼꼼히 칠해주면 완성도 상승.

빛이 거의 닿지 않는 머리카락 안쪽에 그림자 ❷를 칠해줍니다. 뒷머리와 목 언저리에 있는 머리카락은 다 칠해버려도 됩니다. 우묵한 부분은 칠하기 힘드니까, 한 번 더 앞머리와 옆머리를 분리하는 게 좋습니다. 다 칠했으면 다시 조립하세요.

POINT! 더 입체적인 느낌을 주려면?

머리카락 안쪽은 기본적으로 가장 어두운 그림자 ❷를 칠해도 문제없지만, 머리카락 끝부분을 칠하지 않고 원래 색을 조금만 남겨둬도 좋습니다. 색을 세세하게 구분해서 칠하면 정보량이 늘어나면서 입체감도 증가합니다.

STEP 9 머리카락과 꼬리에 그림자❶ 칠하기

머리카락 표면 부분에 그림자❶을 칠합니다. 포인트는 정수리나 휘날리는 머리카락의 부푼 부분에 빛이 닿는 이미지로 처리하는 것. 이번에는 베이스 컬러가 가장 밝은 색이니까, 빛이 닿는 부분은 칠하지 않고 남겨두세요. 그림자❶을 다 칠했으면 더 어두운 부분에 그림자❷를 칠합니다.

그림자를 그리기 전의 뒷머리. 원래 조형에 머리카락 흐름이 표현돼 있으니까, 그것을 의식하면서 그림자를 그려주세요. 칠하기 전에 그림자가 어떤 모양으로 생기는지 이미지를 떠올리는 것이 중요.

이 피규어의 경우
베이스 / 그림자❶ / 그림자❷

그림자❶

그림자❶

꼬리 뿌리 부분은 그림자를 많이 칠해줍니다. 머리카락 그림자가 꼬리에 드리우는 이미지로 칠해보세요.

그림자❶ 중에서도 가장 짙어지는 부분에 그림자❷를 그려줍니다. 머리카락과 꼬리의 베이스 컬러가 약간 탁한 색이니까, 하얀 도료를 칠해서 베이스의 톤을 올려주는 것도 좋습니다.

그림자❷

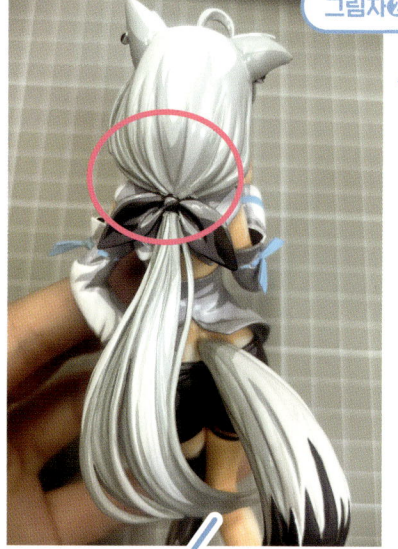

그림자❶을 다 그린 상태. 동물 귀의 그림자가 되는 부분도 칠했습니다. 머리카락과 꼬리는 면을 칠하는 게 아니라 선을 여러 개 그리는 느낌으로 붓을 움직여주면, 질감을 잘 표현할 수 있습니다.

POINT!
머리카락의 흐름을 의식하며 그리세요

그림자를 그릴 때 원래 조형으로 알 수 있는 머리카락과 꼬리의 털 흐름을 따라서 칠해주면 깔끔합니다. 붓을 가볍게 놀리는 이미지로 그려보세요.

뒤쪽이 끝났으면 앞머리, 옆머리도 마찬가지로 칠합니다. 정수리에 빛이 닿는 이미지로 그림자❶, 그림자❷를 그리세요. 머리카락 흐름, 삐친 털, 땋은 머리, 동물 귀 등등 세세한 조형을 꼼꼼하게 살리면서 칠합니다.

STEP 10 파란 리본에 그림자와 하이라이트를 그리자

가슴과 소매를 꾸며주는 파란 리본을 칠합니다. 여기는 원래 색을 베이스 컬러로 삼고 그림자, 하이라이트를 그립니다. 먼저 그림자부터. 상반신 광원은 칠하는 사람 기준으로 대각선 오른쪽 위에 있으니까, 리본 그림자는 왼쪽이 많아집니다. 이렇게 좌우 한쪽으로 치우치게 그림자를 넣어주면 2차원 느낌이 커집니다.

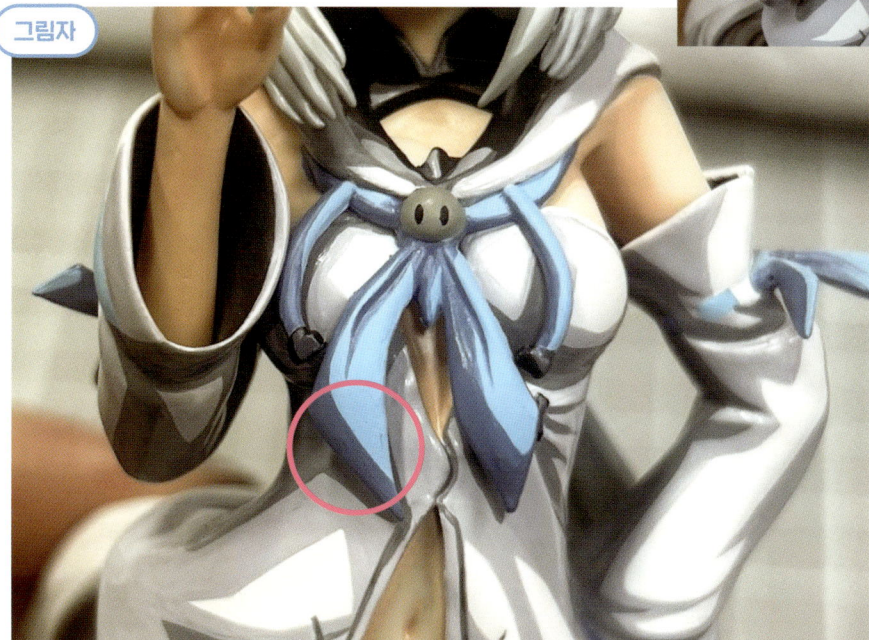

▼ 전체 균형을 보면서 조금씩 그림자를 그려주세요.

그림자

이 피규어의 경우
베이스 / 그림자 / 하이라이트

하이라이트

그림자를 다 그렸으면 하이라이트를 그립니다. 여기서도 광원을 의식해서 빛이 닿는 부분에 하이라이트를 그려주세요. 조형의 형태를 따라서 하이라이트 모양을 정하면 작업하기 쉬우면서 깔끔하게 보입니다.

STEP 11 선을 그리자

선을 그려주면 피규어가 2차원 일러스트처럼 보입니다. 이번에는 선 그리기(P042참조)에서 설명한 패턴 중에서, 조형의 테두리와 주름을 그리는 방법을 사용했습니다. 선을 그리는 양은 개인 취향이니까, 자신의 취향에 맞는 느낌을 잘 찾아보세요.

POINT! 그려줄 선을 선택

이번에는 선을 전부 그리지 않고 부분적으로만 그렸습니다. P045의 선 그리기 완성 사진과 비교해보면, 조금 부드러운 인상으로 완성됐다는 걸 알 수 있을 것입니다.

앞머리와 옆머리, 동물 귀에 선을 그렸습니다. 정수리에 뿅, 하고 삐친 머리카락과 차밍 포인트인 동물 귀는 선을 그려주면 존재감이 강조됩니다. 오른손의 여우 포즈는 선을 그려주면서 더욱 또렷한 인상으로. 취향에 따라 입이나 코, 배꼽 등에 선을 그려도 좋습니다. 에나멜 도료로 그려주면 간단히 지울 수 있으니까, 시험 삼아 그려볼 때 추천합니다.

부분적으로 선을 넣어준 덕분에 뒤쪽에서 하나로 묶은 머리카락이 둥실, 하고 퍼지는 느낌이 잘 표현됐습니다.

파란 리본과 하얀 옷에 테두리를 그리고, 팔꿈치와 손목 부분에 주름을 그려줬습니다. 상반신은 색 수를 늘린 시점에서 정보량이 상당히 많아진 부분인데, 윤곽선을 강조한 덕분에 2차원다운 느낌이 더욱 커졌습니다.

Before

초급에서 배운 하이라이트, 색 바꾸기, 선 그리기 세 가지 테크닉을 조합해서 발전시켜봤습니다. 표현의 폭이 크게 넓어졌고, 완성도가 상당히 높은 작품이 됐다는 것도 알 수 있습니다. 그려 넣은 부분이 많고 조금 강한 분위기가 됐는데, 하이라이트와 그림자 그리는 방법, 선을 그려 넣는 양에 따라 느낌이 전혀 달라집니다. 어떻게 완성하고 싶은지 목표 지점을 확실하게 정하고서 도전하는 것이 좋습니다.

After

After

하반신의 포인트는 반바지와 니 하이 삭스, 신발을 칠하는 방법. 베이스 컬러, 하이라이트❶, 하이라이트❷와 각 색의 명도에 확실하게 차이를 주면, 광택 느낌이 강조됩니다. 경계선을 확실하게 구분해서 애니메이션다운 느낌을 연출.

피규어는 입체니까 360도 모든 각도에서 볼 가능성이 있습니다. 그래서 뒤에서 봤을 때도 그림자만 보이지 않도록 서브 광원(P076 참조)을 설정하면 좋습니다. 예를 들어서 오른쪽 사진처럼 사진 앞쪽(피규어 뒤쪽)에서도 빛을 비추는 이미지.

얼굴에 드리운 앞머리 그림자와 오른손, 왼팔 등의 피부 부분에 주목. 베이스 컬러가 되는 원래 색과 그림자까지 2색 구성이지만, 칠하기 전보다 이미지가 강조됐습니다. 손과 옆구리에 살짝 그려 넣은 선도 좋은 효과를 발휘하고 있습니다. 이번에는 선을 필요 최소한으로만 그렸지만, 굵기와 길이, 숫자를 바꿔주면 더욱 입체적인 느낌을 표현할 수 있습니다.

CHAPTER.3 | 애니메이션 도색 **중급편** | 흑백으로 칠하기

피규어는 보통 컬러로 채색된 것이 대부분인데, 그걸 흑백으로 리페인트해서 만화 느낌으로 처리합니다. 칠할 때 이미지는 스크린톤을 사용하지 않은 만화의 한 컷. 머리카락에 광택을 남기고 칠하는 표현 방법 「광택 먹칠」이나 건강한 프로포션을 강조하는 몸의 선 등, 흑백에서도 다양한 표현이 가능합니다.

사용한 피규어는 이것

ARTFX J 람

타카하시 루미코 씨의 대인기 만화 「시끌별 녀석들」에서, 하이 레벨 조형의 람을 선택. 초록색 머리카락, 호랑이 무늬 의상은 흑백으로 바꿔도 멋지게 보이며, 조형적으로도 만화적인 표현이 잘 어울린다.

START!!

STEP 1 도료 준비

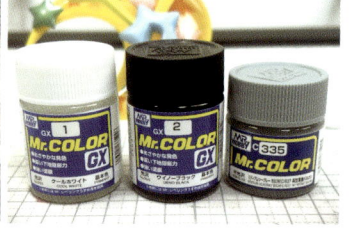

피규어의 색을 리셋할 때는 컬러 스프레이나 에어브러시, 서페이서(P098 참조)를 사용하면 깔끔해집니다. 그 밖에 흑, 백, 회색 도료를 준비.

POINT!
마스킹 툴 고르는 방법

도료만 묻지 않으면 그만이니까, 사용하기 편한 것을 고르면 됩니다. 넓은 면적은 테이프, 복잡한 곡면에는 액체 마스킹제 등, 위치에 따라 구분해도 좋습니다.

마스킹 테이프

액체 마스킹제

점착 택

STEP 2 마스킹

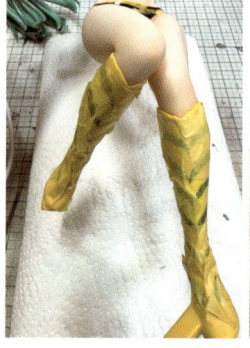

도색하기 전에 눈, 의상, 부츠를 마스킹해서 도료가 묻지 않도록 보호합니다. 이번에는 눈에 점착 택을, 의상에는 액체 마스킹제, 부츠에 마스킹 테이프를 사용했습니다. 점착 택은 찰흙처럼 자유롭게 변형할 수 있고 다시 붙일 수도 있는 접착제. 호랑이 무늬 부분은 검은 부분까지 포함해서 보호. 머리카락과 앞머리를 본체에서 분리해둡니다(P026 참조). 분해한 각 부품은 잃어버리지 않게 집게 손잡이로 집어서 보관해주세요.

066

STEP 3 피규어 전체에 흰색 칠하기

베이스는 악센트로서 남겨 둘 생각이니까, 분리해두고 작업합니다. 이번에는 사용할 색이 한정되니까, 밑색 때문에 발색이 달라지지 않도록 일단 전체에 흰색을 칠해서 색을 리셋합니다. 머리카락도 흰색으로 칠해 주세요.

STEP 4 눈의 마스킹을 벗기자

하얀 도료가 마르면 눈 마스킹에 사용했던 점착 택을 벗깁니다. 경계가 지저분하다든지 신경 쓰일 경우에는 흰색과 검정색을 사용해서 윤곽을 조금 수정하면 됩니다. 속눈썹과 쌍커풀 선 등은 마스킹 하지 않고 이 단계에서 그려주면 됩니다.

POINT! 원래 상태를 촬영해두자
눈과 그 주변을 그릴 때는 원래 상태를 체크하면서 진행하면 좋습니다. 작업을 시작하기 전에 사진으로 저장해두면 안심.

STEP 5 부츠의 호랑이 무늬 칠하기

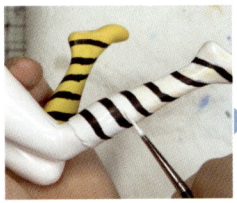

밑색이 비칠 때는 여러 번 겹칠하세요.

부츠의 마스킹을 벗기고 노란색 부분을 하얗게 칠해주세요. 까만 부분은 칠하지 않고 그냥 둬도 되지만, 이번에는 조금 진하게 해주기 위해 칠해줬습니다. 취향에 따라서 줄무늬의 폭을 바꿀 수도 있고, 흐트러진 경계선을 정리할 수도 있습니다.

STEP 6 의상의 호랑이 무늬 칠하기

까만 부분을 남겨두면서 노란 부분을 하얗게 칠합니다.

의상의 마스킹을 벗기고 노란 부분을 하얗게 칠해주세요. 액체 마스킹제를 벗길 때는 핀셋 등으로 잡아주면 찍, 하고 벗겨집니다. 흰색을 다 칠했으면 취향에 따라 검은색 부분도 칠해주세요.

STEP 7 머리카락의 우묵한 부분과 뒤쪽 칠하기

조형의 흐름을 따라서 붓을 움직이면 칠하기 쉽습니다.

먼저 붓이 닿기 힘든 우묵한 부분부터 까맣게 칠해줍니다. 다 칠했으면 뒤집어서 안쪽을 붓으로 칠해주세요. 면적이 넓으니까 분할해서 블록별로 칠해주세요. 이렇게 해주면 붓자국을 최대한 줄이면서 넓은 범위를 칠할 수 있습니다.

STEP 8 머리카락 바깥쪽과 앞머리 칠하기

회색 도료를 사용. 머리카락 안쪽과 같은 요령으로 분할해서, 블록별로 칠해주세요. 머리카락 흐름을 따라 붓을 움직여주면 깔끔하게 칠해집니다. 이렇게 넓은 면적을 한 색으로 칠할 때는, 에어 브러시나 캔 스프레이를 사용해도 좋습니다.

 회색 도료로 하얀 부분을 전부 깔끔하게 칠해주세요.

STEP 9 머리카락에 그림자 넣기

그림자 부분의 윤곽선을 그린 뒤에 안쪽을 칠합니다.

앞머리, 뒷머리 모두 검정색으로 그림자를 그려줍니다. 그림자 위치가 고민될 때는 실제로 빛을 비췄을 때 생긴 그림자를 참고로 삼으면 좋습니다. 많은 자료(일러스트)를 참고해서 칠해도 OK. 이번에는 람의 작화에서 볼 수 있는 특징적인 그리는 방법을 시험하면서 만화적인 유광 먹칠 표현을 의식했습니다.

STEP 10 손과 몸에 선을 그리자

손, 의상 윤곽선, 목, 가슴 사이드와 골, 배꼽 등 만화에서 선으로 그릴 것 같은 부분을 중심으로, 전체 균형을 보면서 신중하게 선을 그립니다. 입은 안쪽을 진한 회색, 혀 언저리를 밝은 회색으로 구분해줍니다.

좁은 부분을 칠할 때는 손의 축을 더욱 의식하세요.

가슴 골짜기에 선을 그려주면 프로포션을 강조할 수 있습니다.

손의 선을 너무 많이 그리면 미소녀 느낌이 사라지니까 주의.

POINT!
즐겁게 칠하는 걸 잊지 마세요!

원본 피규어에는 없는 별을 그려봤습니다. 이런 가벼운 포인트를 넣는 것도 리페인트만의 재미!

등, 손가락과 손톱, 눈썹과 입가 등에도 선을 그려줍니다. 선의 길이와 굵기, 숫자 등 사소한 차이로 인상이 크게 달라지니까, 수정하기 쉬운 에나멜 도료를 사용하세요. 마른 뒤에도 깔끔하게 닦아낼 수 있으니까, 균형을 보면서 안심하고 진행할 수 있습니다.

Before

사용한 색 수가 적은 피규어는, 색의 농담 차이만으로도 차이를 표현하기 쉽고, 흑백으로 칠하기도 쉽습니다. 이번에는 눈동자의 파란색만 포인트로 남겨뒀습니다. 흑백이기에 일부러 남겨둔 컬러가 선명한 악센트로서 전체 인상을 잡아줍니다. 또한 피부 부분 등의 큰 면에는 그림자를 넣지 않았는데, 명도를 조절한 그레이로 그림자를 넣어줘도 좋습니다. 열심히 궁리해서, 흑백으로도 다양한 표정을 만들 수 있게 해보세요.

After

MA만 작례 사진 vol.3

「북두의 권 켄시로 흉상」 / 카이요도
ⓒ 武論尊・原哲夫／コアミックス 1983

MAman's Voice

붓도색 표현의 대비

피부의 매끄러움과 가슴의 거친 느낌에 주목! 인상이 다른 두 가지 붓도색 표현의 대비가 볼거리 입니다.

MA만 작례 사진 vol.4

「피규어 스토리
유키·미라클 걸 ver.」 / Nuverse

©Nuverse KK ©FlowEntertainment

MAman's Voice

특징적인 아이 페인트

귀여운 눈동자에 힘을 실어서 칠했습니다. 역동감 있는 포즈에 맞춘 그림자 표현도 잘 어우러졌습니다.

CHAPTER. 4
애니메이션 도색 상급편

상급편에서는 작품에 자신의 개성을 더해서
오리지널리티를 연출하는 방법을 배웁니다.
분위기를 크게 바꿔주는 복잡한 도색 방법과
아이 페인트에 도전해보겠습니다.

CHAPTER.4 | 애니메이션 도색 상급편 | 그림자·색·선을 더넣기

이번에는 중급편에서 소개한 그림자, 색, 선을 넣는 테크닉(P052 참조)을 더 복잡하게 만든 칠하는 방법을 보도록 하겠습니다. 이렇게 하면 표현의 폭이 지금보다 더 넓어지고, 세세하게 그려 넣는 것이 가능해집니다. 2차원이 그대로 입체화된 것 같은, 360도 어디에서 봐도 2차원처럼 보이는 피규어도 리페인트할 수 있을 것입니다. 칠하는 테크닉은 지금까지 배워온 내용으로 충분히 대응할 수 있지만, 색에 관한 기초지식(P024 참조)을 바탕으로 삼은 도료 준비와 칠하는 범위를 정하는 것이 어렵습니다. 도전하면서 요령을 파악해 보세요.

사용한 피규어는 이것

supercell feat. 하츠네 미쿠 월드 이즈 마인 「브라운 프레임」

하츠네 미쿠가 노래하는 supercell의 보컬로이드 곡 「월드 이즈 마인」의 PV에서 「공주님」인 하츠네 미쿠를 피규어로. 원래 피규어의 매력인 날씬한 조형, 쿨 뷰티인 이미지에 리페인트를 통한 작품성을 얹어가는 균형 감각을 연마해봅시다.

START!!

STEP 1 머리카락 분해

칠하기 쉽도록 머리카락 부품을 분해(P026 참조)합니다. 사전 준비로 탑 코트(P023 참조)나 투명 서페이서(P098 참조)를 뿌려주는 것도 좋습니다. 투명하니까 원래 색을 확인하면서 칠해나갈 수 있고, 도료 정착을 도와줘서 도료가 흘러내릴 가능성도 줄일 수 있습니다. 이번에 머리카락은 4가지 색을 메인으로 구성. 지금부터 베이스 컬러, 그림자❶, 그림자❷, 하이라이트를 칠해나가겠습니다.

STEP 2 머리카락 베이스 컬러 칠하기

이번에는 캐릭터의 이미지에 맞춰서 베이스 컬러를 바꾸는 방법을 시험해보겠습니다. 도료는 시판 하츠네 미쿠 컬러(사진)를 채용. 앞으로 칠하는 중에 프레임에 올려놓고 상태를 확인할 예정이니까, 프레임은 랩 등으로 보호해두면 좋습니다.

억지로 색을 섞어서 조색하지 않고, 시판 도료 중에서 선택했습니다.

POINT!

베이스 컬러·그림자·하이라이트의 패턴

2차원 채색의 기본적인 테크닉은 하나의 색에 대해 베이스 컬러, 그림자, 하이라이트를 구분해서 칠하는 것입니다. 이 구성을 늘리면 늘릴수록 치밀해지고, 선명한 구분이 2차원적인 느낌을 강조해줍니다. 하지만 무작정 많이 구분한다고 좋은 작품이 되는 건 아니고, 전체를 봤을 때의 균형이 중요합니다.

4색 패턴 예		5색 패턴 예
베이스 컬러	베이스 컬러	베이스 컬러
그림자❶	그림자❶	그림자❶
그림자❷	하이라이트❶	그림자❷
하이라이트❶	하이라이트❷	하이라이트❶
		하이라이트❷

STEP 3 머리카락에 그림자❶, 그림자❷와 하이라이트를 칠하자

베이스 컬러를 칠했으면 먼저 그림자❶을 칠하고, 그 뒤에 너 어두운 그림자❷를 칠합니다. 그림자를 다 칠했으면 베이스 컬러 중에 특히 밝게 표현하고 싶은 부분에 하이라이트를 칠합니다. 이번에는 칠하는 사람 기준으로 오른쪽 위에 메인 광원을 설정해서 빛과 그림자를 표현하겠습니다.

POINT! 확실히 마른 뒤에 겹칠

색을 겹칠 때는 먼저 칠한 도료가 마른 뒤에 다음 색을 칠하세요. 그러지 않으면 도료가 섞이면서 의도하지 않은 색이 돼버립니다. 완전히 마르지 않았을 가능성도 있으니까, 아래 도막을 망치지 않도록 필압에도 주의!

그림자❶

베이스 컬러가 마르면 그림자❶을 칠합니다. 이 뒤에 한 단계 어두운 그림자❷도 칠할 테니까, 그림자❶의 면적은 넓게. 그림자❶만으로도 성립한다는 마음으로 칠해주세요.

그림자❷

트윈테일 머리카락 안쪽, 뒷머리 머리카락 가르마 부분, 트윈 테일 뿌리 부분이나 피규어를 두었을 때 바닥에 닿는 부분 등, 특히 어두워질 것 같은 부분에 그림자❷를 칠합니다. 균형을 보면서, 조금씩 면적을 넓혀주세요.

하이라이트

이 피규어의 경우

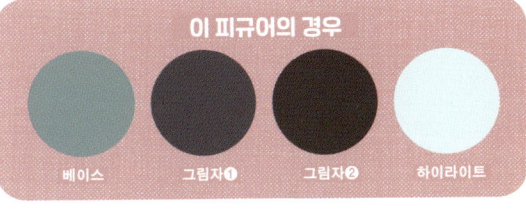

베이스 / 그림자❶ / 그림자❷ / 하이라이트

POINT! 같은 곳을 너무 많이 칠하지 마세요

먼저 칠한 도료가 말랐다고 해도, 같은 곳을 너무 여러 번 칠하면 도료가 섞이게 됩니다. 필압은 최대한 약하게 해서 도료를 입혀주세요.

안 보이는 부분이라도 어느 정도 색을 구분해주면 퀄리티가 높아집니다.

그림자를 다 칠했으면 하이라이트를 칠합니다. 하이라이트의 위치는 조형의 정점이 되는 부분, 칠하는 사람을 기준으로 대각선 오른쪽 위에서 들어오는 광원의 빛을 받을 것 같은 부분을 중심으로. 트윈 테일의 완만하게 퍼지는 곡선을 강조하는 것처럼 칠해주세요.

STEP 4 옷을 칠하자

하얀 옷이라서 하이라이트를 칠하지 않고 3단계로 설정합니다. 색 구성은 베이스 컬러, 그림자❶, 그림자❷, 그림자❸. 베이스 컬러가 가장 밝고 그림자❶, 그림자❷, 그림자❸까지 점점 어두워지는 이미지로 칠해주면 진행하기 편합니다.

이 피규어의 경우

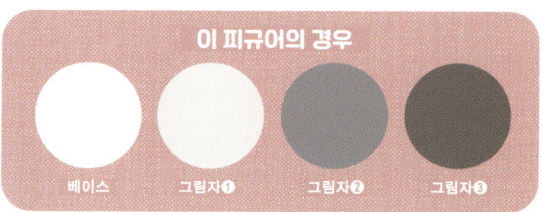

베이스 / 그림자❶ / 그림자❷ / 그림자❸

그림자를 3색으로 구분하니까 그림자❶은 약간 대담하게 넓은 면적을 칠하세요.

그림자❶

POINT! 광원을 늘린다

특정 각도에서 봤을 때 그림자가 너무 많은 현상을 막을 수 있습니다. 전면에 메인, 뒷면에 서브 광원을 설정하는 경우가 많습니다.

칠하기 전에 피규어의 조형을 보면서 대략적으로 어느 부분에 빛이 닿을지 생각해보세요. 준비가 됐으면 먼저 그림자❶을 칠합니다. 몸의 둥그스름한 라인과 옷의 주름, 허벅지 움직임을 의식하면서 그림자를 그려주세요.

그림자❸

그림자❷

그림자❶을 다 칠했으면 그림자❷를 칠해주세요. 이 피규어는 등을 프레임에 밀착하기 때문에, 면적 대부분을 그림자❷ 같은 비교적 어두운색으로 칠해도 문제없습니다.

옷 주름의 우묵한 부분, 허리와 겨드랑이 등 조형적으로 빛이 닿기 힘든 부분에 가장 어두운 그림자❸을 칠해주세요. 너무 많이 칠하면 평면적으로 보이게 되니까, 그림자❸은 가는 선이나 적은 면적을 의식. 어두운색은 인상을 크게 바꿀 수 있으니까 조금씩 칠하는 게 좋습니다.

STEP 5 왼쪽 허벅지에 그림자❶ 그리기

이번 피부색은 다섯 가지 도료를 섞어서 그림자와 하이라이트를 만듭니다. 베이스는 톤을 바꾼 세 가지 색을 사용하고, 하이라이트의 밝기를 조절하는 흰색, 그림자의 어두운 정도를 조절하는 신한 적갈색 계열을 섞어 줍니다. 다리, 팔, 얼굴 등의 부위와 겹치는 색과의 균형을 보면서 도료를 준비해주세요.

사용한 도료

허벅지의 그림자❶부터 작업합니다. 앞에 보이는 오른쪽 다리가 베이스 컬러, 안쪽에 보이는 왼쪽 다리는 전체적으로 그림자색을 바른 상태. 허벅지 안쪽은 전체적으로 그림자가 지는 곳이니까, 균형을 봐가면서 칠해줍니다.

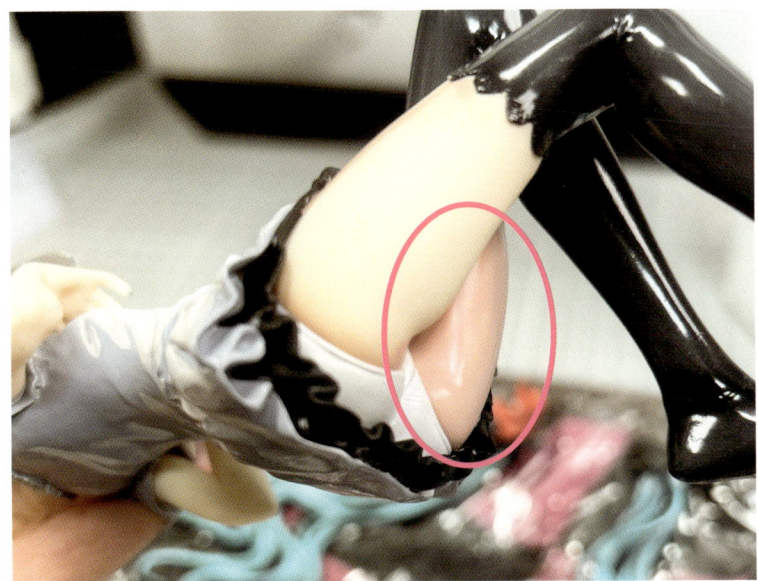

가능한 한 붓을 일정한 방향으로 가볍게 움직여주면 붓자국이 덜 생깁니다.

이 피규어의 경우
베이스 / 그림자❶ / 그림자❷ / 하이라이트

POINT!
오리지널리티를 연출할 수 있는 조색에 도전!

「색」은 기본적으로 「빨강, 파랑, 노랑」(+검정과 흰색)으로 되어 있습니다. 사실 피부를 표현하는 색 자체가 혼색, 조색해서 만들어진 것이죠. 시판 도료 중에서 이미지에 가까운 색을 고르고, 색의 원칙을 바탕으로 조색(P024 참조)에 도전해보면 원하는 색을 만들기 쉽습니다.

옆에서 본 상태. 허벅지 앞쪽은 빛이 닿는 부분이니까 베이스 컬러를 남겼습니다. 스커트와 니 하이 삭스의 경계까지 꼼꼼히 칠해주세요.

STEP 6 오른쪽 허벅지에 그림자❶ 그리기

왼쪽 허벅지의 그림자❶에 사용한 것과 같은 색을 그대로 칠합니다. 참고로 이번에는 조색했지만, 시판 도료 중에서 그림자 색을 고를 때는, 특히 어두운 계열 색을 고르면 조절하기 쉽습니다. 도료 색을 그대로 그림자❷로 사용하고, 흰색을 추가해서 그림자❶로 사용할 수도 있습니다. 피부를 표현하는 도료는 폭넓게 구비해두면 활약할 기회가 많습니다.

왼쪽 다리가 마른 뒤에 작업해야 손에 묻지 않습니다.

이번에는 허벅지 전면을 칠하지 않고 남겨두고 나머지 부분을 그림자로 칠할 테니까, 테두리를 그려놓고 바깥쪽을 칠해나갑니다. 마지막으로 미세하게 조절할 것을 염두에 두고, 처음에 그리는 테두리는 조금 넓게 잡는 게 좋습니다.

POINT!
예쁜 색을 만드는 요령

기본적으로 도료는 섞으면 섞을수록 탁해지니까, 두세 가지 정도 색으로 조색(P024 참조)하는 걸 추천합니다. 명도, 채도 모두 낮은 검정이나 회색은 다른 색보다 탁해지기 쉬우니까, 추가할 때는 주의하세요.

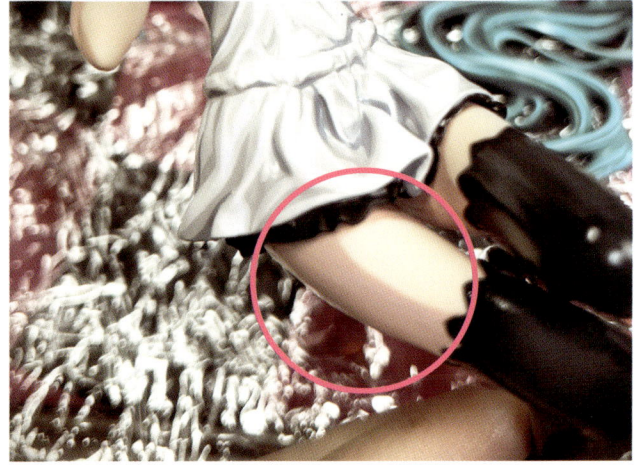

피규어의 방향을 바꿔가면서, 허벅지 사이 등의 좁은 틈새와 우묵한 부분도 신중하게 칠해주세요. 거의 칠했으면 전체 균형을 확인해서 하이라이트의 형태를 조절합니다.

STEP 7 손에 그림자❶ 그리기

허벅지의 그림자❶과 같은 색을 사용. 일단 팔꿈치부터 손목까지 부분을 남겨두고 그림자를 그려주세요. 나머지 공정에서 손등 등의 빛이 강하게 닿는 부분에는 하이라이트를 넣을 테니, 여기서는 다 칠해버리는 감각으로 작업합니다.

STEP 8 얼굴에 그림자 그리기

리페인트에서는 전체 균형을 보면서 필요에 따라 베이스 컬러를 바꾸는 것도 가능합니다. 이번 피규어에서는 포즈 관계상 얼굴이 안쪽으로 들어가기 때문에, 베이스 컬러도 원래 색보다 톤을 하나 낮춘 색으로 바꿔 칠합니다. 살짝 붉은 느낌이 강한, 원래 색보다 짙은 색을 베이스 컬러로 사용하겠습니다.

베이스 컬러

피부에 그림자를 거의 다 넣는 단계에서, 마지막으로 얼굴을 칠합니다. 먼저 얼굴 전체에 베이스 컬러를 얇게 칠합니다. 이번 피규어는 바탕이 된 일러스트가 있으니까, 그런 자료들을 참조하면서 피부 톤을 정했습니다.

눈동자 가장자리를 그렸으면, 남은 볼과 입도 칠합니다. 귀도 잊지 말고 칠해주세요. 칠하기 쉽도록 잡는 손으로 각도나 방향을 조절하면서 작업하세요.

앞머리를 다시 끼운 상태에서 얼굴에 드리우는 그림자 위치를 마킹.

베이스 컬러를 다 칠했으면 앞머리 그림자를 그려줍니다. 먼저 앞머리 테두리를 그려서 라인을 확정합니다. 오른쪽 볼에 걸치는 옆머리 그림자도 그려주세요.

그림자

라인이 정해졌으면 테두리 안쪽을 다 칠합니다. 작업이 끝나면 앞머리를 다시 끼워주세요.

POINT!
앞머리를 끼워서 밸런스 확인

그림자 라인을 확정하기 위해, 작업 중에 앞머리를 몇 번이고 다시 끼워서 균형을 체크하세요. 미세 조정을 하면서 진행하면 OK.

STEP 9 허벅지에 그림자❷와 하이라이트 그리기

그림자❶만 그려준 허벅지를 마무리하겠습니다. 이번에 얼굴을 칠하는 중간에 허벅지 작업으로 돌아간 이유는, 전체 균형을 보면서 칠하기 위해서입니다. 어느 정도 전체적으로 색을 입혀보면, 자신이 원하는 방향성이 맞는지 확인할 수 있습니다.

POINT!
만든 색을 저장해두자

색을 재현하는 건 상당히 어려우니까, 만든 색은 작품을 완성할 때까지 밀폐해서 보관해두면 좋습니다! 색 자체를 남기는 건 물론이고, 어떤 색을 얼마나 섞었는지 적은 레시피도 있으면 안심.

다리가 겹쳐지는 상태를 확인, 포인트 앵글에서 보며 그림자 균형을 정하세요.

STEP 10 손에 그림자❷와 하이라이트 그리기

허벅지가 끝났으면 손을 마무리합니다. 이번에 팔 부분은 앞쪽을 밝게, 안쪽을 어둡게 칠합니다. 손바닥과 손가락 사이 등 우묵한 부분에 그림자❷를, 손등의 빛이 닿는 부분에 하이라이트를 넣습니다. 작업 중에는 수시로 피규어 전체를 보면서 균형을 확인하는 것이 중요합니다.

POINT!
여성 캐릭터의 피부

이번 피규어처럼 날씬한 조형은, 너무 많이 그려 넣으면 여성적인 느낌이 사라지는 경우가 있으니 주의하세요. 그림자의 배분을 줄여서 칠해주면 좋습니다. 캐릭터의 특징을 잘 관찰해보세요.

이 피규어의 경우

베이스 | 그림자❶ | 그림자❷ | 하이라이트

STEP 11 니 하이 삭스 칠하기

여기서도 얼굴과 마찬가지로 베이스 컬러를 변경해줍니다. 니 하이 삭스는 원래 한없이 검정에 가까운 색이었지만, 그림자와 하이라이트를 그려주기 위해서 베이스 컬러를 다크 그레이로 변경. 여기에 그림자, 하이라이트❶, 하이라이트❷를 겹칠하는 구성으로 하겠습니다.

이 피규어의 경우
베이스 / 그림자 / 하이라이트❶ / 하이라이트❷

베이스 컬러

POINT! 베이스 컬러 바꾸기
이번처럼 어두운 색을 칠할 경우, 원래 색을 가장 어두운 그림자 색으로 남겨두고 한 단계 밝은 색을 베이스 컬러로 설정, 그 위에 하이라이트를 겹칠하는 방법도 있습니다.

다크 그레이 도료를 베이스 컬러로 준비하고, 니 하이 삭스의 검은 부분을 전부 칠합니다. 베이스 컬러를 칠한 뒤에 그림자, 하이라이트❶, 하이라이트❷를 겹쳐 칠할 테니, 특히 섬세한 붓놀림을 의식해주세요.

그림자

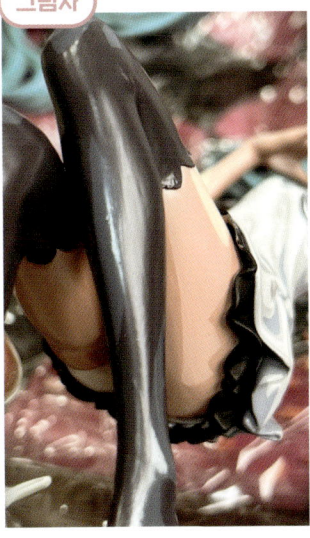

베이스 컬러가 마르면 그림자를 그려줍니다. 이번 그림자는 베이스 컬러보다 면적이 넓습니다. 무릎과 정강이 언저리, 발목에서 발등에 걸친 부분을 베이스 컬러로 남겨뒀습니다.

하이라이트❶

하이라이트❷

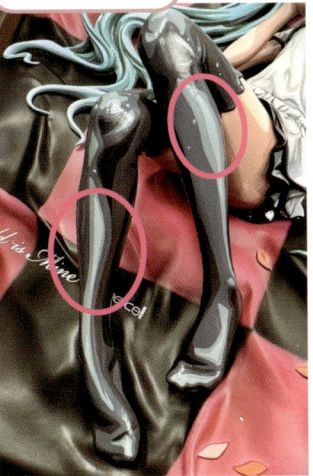

POINT! 만든 색을 활용
하이라이트 색을 만들(P034 참조) 때, 베이스 컬러용으로 만든 색에 흰색을 추가했습니다. 이렇게 굳이 새로운 색을 만들 것 없이, 이미 만들어둔 색을 이용해서 조정하는 방법도 있습니다.

하이라이트❶과 더 밝은 하이라이트❷를 그려줍니다. 먼저 하이라이트❶부터. 발의 모양과 움직임을 의식하며 여성다운 곡선이 나오도록 그려주세요. 마르면 하이라이트❷를 그립니다. 선과 면을 칠하는 것 외에 작은 점처럼 그려주는 것도 방법입니다.

STEP 12 소품류 마무리

리페인트도 슬슬 종반전. 머리카락, 피부, 팔 등 대부분이 끝났으니까 소품류를 마무리합니다. 이번 피규어에서는 트윈 테일의 머리 장식과 프레임 오른쪽 위에 있는 헤드폰. 각각 그림자와 하이라이트를 그려주세요.

부품을 칠하기 쉬운 각도로 움직이면서 칠하세요.

왼쪽 머리 장식

니 하이 삭스를 칠했던 색을 사용해서 왼쪽 머리 장식을 칠합니다. 원래 색을 그림자로 사용하고 그 위에 베이스 컬러, 하이라이트를 칠해줍니다.

오른쪽 머리 장식

이어서 오른쪽 머리 장식을 칠합니다. 머리카락은 처음에 분해해뒀으니까 칠하기 힘든 경우에는 부품을 떼어내서 작업하세요. 검은 리본 부분은 왼쪽 머리 장식과 같은 요령으로 처리합니다.

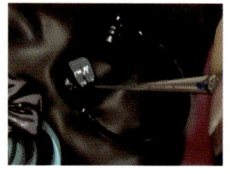
장식했을 때의 상태를 생각해서, 작품에 어울리게 처리한다.

POINT! 하이라이트는 조형을 의식

하이라이트를 그릴 때, 여기서는 잎 줄기 모양을 남기는 이미지로 그렸습니다. 이렇게 조형을 의식하며 조금씩 손을 대주면 좋습니다.

다음으로 빨간 잎사귀 장식을 칠합니다. 먼저 베이스 컬러를 발색이 좋은 빨간색으로 변경. 그리고 남은 도료에 흰색을 섞어서 하이라이트 색으로 사용합니다.

헤드폰

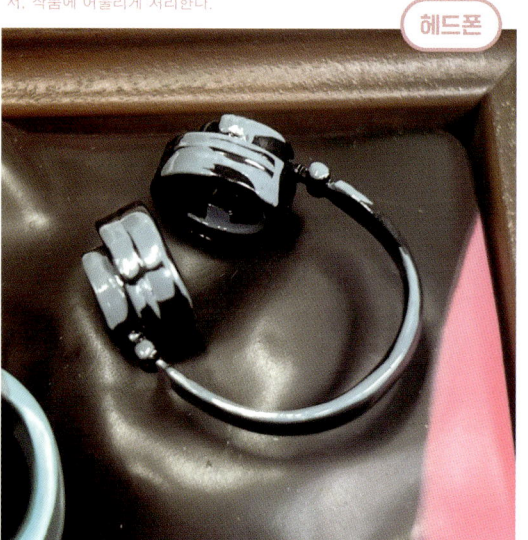

명도가 높은 색을 준비해서 하이라이트를 그려줍니다. 베이스 컬러와의 명도 차이가 크면 반짝, 하는 분위기의 하이라이트가 됩니다. 명도 차이가 적으면 얌전한 분위기의 하이라이트가 되니까, 취향에 맞게 조절하세요.

STEP 13 머리카락에 악센트 컬러 그리기

마지막으로 약간의 장난기로 머리카락 부분에 보라색을 넣어보겠습니다. 이건 악센트로 넣는 것뿐이니까, 노골적으로 그리는 게 아니라 뉘앙스를 추가하는 느낌이면 됩니다. 꼭 해야만 하는 작업은 아니고, 색감도 취향에 맞게 조절해도 됩니다.

머리카락 끝부분을 중심으로 색을 칠합니다. 하이라이트를 칠한 부분에 악센트 컬러로 덧칠하는 이미지로 작업하세요. 사진은 어디까지나 예일 뿐이고, 있는 듯 없는 듯 칠하는 게 요령입니다.

지금까지 생각한 완성품의 세계관을 망치지 않도록 주의

반대쪽 머리카락에도 같은 요령으로 악센트 컬러를 칠해줍니다. 좌우 밸런스를 확인하면서 조금씩 칠해주면 좋습니다.

POINT!
머리카락 색 도료로 리커버리 가능

어느 정도 칠한 뒤에 악센트 컬러를 너무 많이 칠했다 싶을 때는, 원래 머리카락 색으로 리커버리 할 수 있습니다. 그런 이유로, 작품을 다 칠할 때까지 사용했던 색을 저장해두는 것이 중요합니다.

STEP 14 옷과 머리카락, 손에 선 그리기

선을 그려서 미세 조정을 합니다. 너무 대담하게 그리면 힘찬 이미지가 돼버리니까, 원래 피규어가 가진 날씬한 여자아이 이미지를 망치지 않도록 가는 선을 조금만 그렸습니다. 아주 조금 손을 댔을 뿐인데 샤프한 인상으로 완성됐습니다. 갈색이나 회색 계열 등, 너무 강하지 않은 색을 사용하는 것도, 날씬한 모습을 표현하는 테크닉 중에 하나입니다.

Before

After

곡의 세계관을 표현하는 것 같은 요염한 느낌으로 완성했습니다. 그림자와 하이라이트의 단계를 구분하는 각 부품의 색 구성, 색 구분과 그려 넣는 위치, 면적 등등 다양한 요인에 따라서 완성했을 때의 인상이 달라집니다. After 사진에서는 촬영했을 때 멋지게 보이도록 피부색을 약간 진하게 하거나 선을 그리는 등, 미세 조정을 추가해서 완성했습니다.

After

사소한 소품도 품을 들여서 칠해주면 작품의 퀄리티가 좋아집니다. 이번에는 헤드폰에 하이라이트를 확실하게 그려봤습니다. 프레임의 주름과 광택을 강조해보는 것도 좋습니다.

니 하이 삭스나 허벅지에는 그림자와 하이라이트를 약간 강하게 그렸습니다. 다리의 생생함과 각선미를 강조해서 칠한 덕분에, 「세상에서 제일가는 공주님」 하츠네 미쿠의 귀엽게 제멋대로인 느낌을 표현했습니다.

머리카락은 하이라이트가 많아서 밝은 인상이 됐습니다. 선 모양으로 가늘게 그린 덕분에, 하이라이트가 차지하는 비율은 크지만 번쩍거리는 분위기는 그다지 강하지 않고, 흐르는 것 같은 질감이 아름답습니다.

프레임에 피규어를 넣힌 상태가 완성형이니까, 그림자를 그릴 때도 이 점을 의식해서 처리했습니다. 이렇게 관상하는 시선을 의식하면서 처리하면 작품의 완성도도 훨씬 좋아집니다.

CHAPTER.4 | 애니메이션 도색 상급편 | 아이 페인트

여기서는 눈동자를 새로 그리기에 도전합니다. 얼굴은 캐릭터의 인상을 크게 좌우하는 포인트 중에 하나. 그중에서도 눈동자는 아주 중요합니다. 눈동자 자체를 새로 그리거나 색을 바꿔주면 오리지널 느낌을 크게 주지만, 난이도가 상당히 높습니다. 속눈썹 각도나 선의 굵기 등, 사소한 점이 퀄리티에 영향을 주니까, 붓을 다루는 데 많이 익숙해진 뒤에 도전해보세요.

사용한 피규어는 이것

POP UP PARADE 하츠네 미쿠

뮤직 신을 석권한 버추얼 싱어 하츠네 미쿠가 익숙한 의상과 발랄한 포즈로 피규어가 됐습니다. 시원하게 큰 눈동자에는 민트 그린색 홍채(눈동자 색이 입혀지지 않은 부분)와 동공(검은 부분), 하이라이트, 속눈썹 등, 눈동자의 스탠더드한 그리기 요소들을 망라하고 있어서, 이번 교재로는 가장 적합합니다.

START!!

STEP 1 | 뜨거운 물에 담가서 앞머리를 분리

눈동자를 그리기 쉽도록, 방해되는 앞머리 부품을 분리(P026참조)합니다.

분리한 앞머리를 제자리로 되돌려서 식히고 모양을 맞춰줍니다.

STEP 2 | 원래 눈동자와 속눈썹을 지우기

눈동자와 속눈썹은 그냥 그려 놓은 것이라서 희석액으로 지울 수 있습니다. 일단 기존 페인트를 지우고 새롭게 그려 넣기 위한 준비를 합니다. 얼룩이 퍼지지 않도록, 면봉을 아끼지 말고 자주 바꿔주세요.

STEP 3 | 흰자위 그리기

흰자위는 눈의 베이스가 되기에 밸런스가 생명. 다양한 각도에서 확인하며 그려주세요.

POINT! 에나멜 도료는 수정하기 쉽다

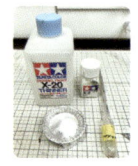

에나멜 도료는 전용 희석액으로 간단히 닦아낼 수 있습니다. 윤곽 부분을 수정하면서 납득할 수 있을 때까지 조절하세요.

POINT! 면봉으로 살살 닦아낸다

희석액을 도료 접시에 따르고, 면봉에 적신 상태로 살살, 조심스레 닦아내세요.

조형적으로 우묵한 아이 홀 부분에 에나멜 도료 흰색을 사용해서 흰자위를 칠해주세요. 에나멜 도료로 칠하는 작업이 끝난 뒤에 래커 도료 클리어(투명색)을 위에 칠해주면, 실수로 지워지는 일을 막을 수 있습니다.

STEP 4 밑그림 그리기

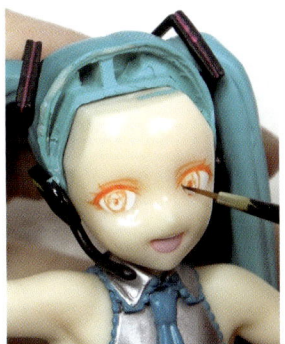

POINT!
오렌지 계열 에나멜 도료를 사용

밑그림에는 피규어의 피부색과 같은 계열의 색을 사용. 만에 하나, 최종 선을 그린 뒤에 밑그림 선이 보이더라도 위화감이 없는 색을 고르면 좋습니다.

납득할 때까지 다시 그리면서 이상적인 눈동자를 그려주세요.

위쪽 속눈썹 라인부터 그리기 시작해서, 잘 그려졌으면 쌍커풀, 속눈썹, 홍채, 동공을 그립니다. 이상적이라고 생각하는 눈동자 사진 등을 보면서 그리면 실패할 확률이 적어집니다. 밑그림이 끝났으면 클리어를 살짝 덧칠해주세요(스프레이나 에어 브러시를 사용해도 좋습니다).

STEP 5 흰자위 그림자와 홍채 그리기

에나멜 도료로 그린 범위에서 삐져 나오지 않게 칠합니다.

에나멜 도료 회색으로 속눈썹 라인을 따라 흰자위에 그림자를 그려주세요. 다음으로 민트 그린색 래커 도료를 준비해서 홍채 전체를 칠해줍니다. 그리고 명도를 조금 낮춘 도료로 흰자위 그림자를 연결하는 것 같은 이미지로 홍채에 그림자를 그려주세요.

STEP 6 동공 그리기

민트 그린색 밑으로 희미하게 보이는 밑그림을 따라서 동공을 그려주세요.

POINT!
자료를 잘 관찰하세요

홍채나 동공은 그림을 그리는 사람의 개성이 상당히 드러나는 포인트. 좋아하는 일러스트를 모아서 잘 관찰하고, 자기 나름으로 어레인지해보세요.

시선을 의식하며, 살짝 어두운 래커 도료로 동공을 그려주세요. 동공 위와 아래에 살짝 밝은 민트 그린으로 색감을 추가합니다. 이건 하이라이트까지는 아니고 그냥 살짝 색을 입혀주는 정도니까, 캐릭터 이미지를 생각해서 필요하다면 그려주세요.

STEP 7 속눈썹과 쌍커풀, 윤곽 그리기

붓 끝을 잘 정돈해서 섬세하고 가는 선을 의식하며 그립니다.

밑그림을 따라 그리는 것처럼, 속눈썹과 쌍커풀, 홍채의 윤곽을 그립니다. 도료는 다크 브라운이나 다크 그레이, 검은색 계열을 사용하는 경우가 많은데, 캐릭터의 이미지에 맞춰서 색을 골라주세요. 다 그렸으면 동공 크기를 미세하게 조정합니다.

STEP 8 하이라이트 그리기

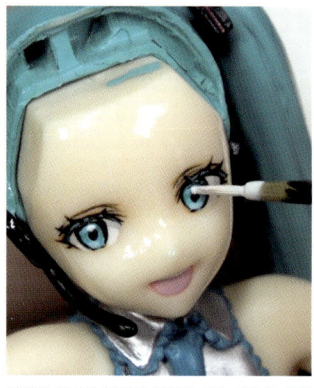 

필압이 강하면 붓끝이 벌어집니다. 붓으로 살짝 건드리는 느낌으로 칠해주세요.

POINT!
아래쪽 속눈썹은 균형을 보면서

이번에는 안 그렸지만, 캐릭터에 따라서는 아래쪽 속눈썹을 그려도 좋습니다. 어느 정도 완성한 단계에서 균형을 보고 그릴지 여부를 결정하는 것도 요령입니다.

동공 위나 홍채 윤곽 일부에 작은 하이라이트를 넣어주면 인상이 확 밝아집니다. 위쪽 속눈썹 라인에 홍채와 같은 색을 넣어도 OK. 캐릭터의 이미지에 맞춰서 대응하세요.

STEP 9 눈썹 그리기

눈썹은 균형을 잡기 어려우니까, 에나멜 도료로 밑그림을 그립니다.

마지막으로 눈썹을 그립니다. 먼저 밑그림을 그려서 길이와 각도를 정하세요. 밑그림을 따라 그리는 것처럼, 민트 그린색 도료로 그려주세요. 약간 어두운 색으로 그리고 다 마른 뒤에 윤곽을 남기는 것처럼 살짝 밝은색을 겹쳐주면 테두리가 강조되면서 깔끔해집니다. 마지막으로 앞머리를 원위치로 되돌려서 완성!

눈썹 각도를 살짝 낮추고 속눈썹과 쌍커풀을 확실하게 그려준 뒤에, 앞머리를 원래대로 접착하기 전에 무광 탑코트를 뿌려주면, 원래 피규어와 조화를 맞출 수 있어서 눈동자만 혼자 따로 노는 상태를 막을 수 있습니다. 눈동자의 촉촉한 느낌을 남기고 싶은 경우에는, 적셔주고 싶은 부분에 클리어 도료를 붓으로 살짝 발라주세요.

CHAPTER.4 | 애니메이션 도색 상급편 | 자주 하는 고민 Q&A

Q.1 선이 틀어졌다, 생각보다 굵어졌다

ANSWER : 실패한 선을 그대로 살려보세요

선이 굵어진 경우에는 인접한 색을 겹칠해서 선을 깎아주세요. 이것은 도료를 더해서 선을 뺀다는, 그런 이미지입니다. 그리고 실패한 선을 그대로 살리는 방법도 있습니다. 처음에는 가는 선이 이상적이었지만, 실패해서 틀어진 경우에 선의 모양 자체를 굵게 바꿔보세요. 틀어진 선을 실패했다고 생각하기보다는 예정했던 선을 변경해서 처음부터 이랬다고 인식하는 쪽이 좋습니다. 사실 붓도색에서는 아무리 숙련자라고 해도 손이 흔들려서 실패하는 경우가 있습니다. 당황하지 말고 새로운 선이나 모양을 찾아서 수정해보세요.

이상　　현실

실패한 뒤의 이상

Q.2 붓자국이 너무나 신경 쓰인다

ANSWER : 도료의 점도, 붓 크기, 필압, 색의 상성을 신경 써보세요

완전히 없어지는 건 아니지만, 크게 눈에 띄지 않도록 의식하게 할 수는 있습니다. 포인트는 점도, 붓 크기, 필압, 색의 상성. 먼저 도료 희석(P025 참조)을 확인. 걸쭉하면 도료가 잘 펴지지 않고, 너무 묽으면 밑색이 비치게 돼서, 양쪽 모두 붓자국이 남기 쉬워집니다. 다음으로 칠하는 면적에 맞춰서 붓을 선택(P039 참조). 넓은 면적을 칠할 때는 도료가 마르기 전에 다 칠해야 한다고 생각하세요. 다음으로 필압에 주의. 어쨌거나 필압이 강하면 붓자국이 남게 되니까 살짝, 하고 가볍게 도료를 얹어준다는 이미지로 칠하세요. 마지막으로 색의 상성이 중요. 밑색이 비치면 아무래도 붓자국이 눈에 띕니다. 이럴 때는 도료가 마른 뒤에 덧칠해주면 좋습니다.

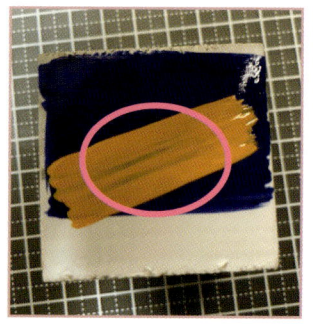

Q.3 덧칠이 생각처럼 안 된다

ANSWER : 색의 상성, 도료가 마른 정도 등을 체크하세요

먼저 밑색이 너무 세면 잘 안 됩니다. 예를 들어서 빨간색 위에 노란색을 덧칠할 경우, 노란색보다 빨간색이 강한 색이기 때문에, 한 번 칠한 정도로는 밑색이 보이게 됩니다. 이건 어쩔 수 없는 일이니까 여러 번 겹쳐 칠하거나, 흰색이나 회색으로 색을 바꿔준 뒤에 칠하세요. 그리고 먼저 칠한 도료가 마르기 전에 또 칠하면, 새로 칠할 때 아래에 있는 도료가 쓸리면서 칠한 면이 울퉁불퉁해집니다. 확실하게 마를 때까지 기다리는 것이 중요합니다. 같은 곳에 너무 많이 칠하는 것도 NG. 칠하는 중에 색이 섞이는 경우가 있습니다. 이건 먼저 칠한 도료의 도막이 녹아서 밑색이 올라오기 때문입니다. 마지막으로 필압은 약하게. 필압도 붓자국과 관계가 있습니다.

Q.4 광원을 늘리고 싶지만 그림자, 하이라이트가 어렵다

ANSWER : 감각적으로 정해도 문제없습니다

광원을 늘리면 당연히 모순이 생깁니다. 왜냐하면 빛과 그림자의 교차점이 생기기 때문입니다. 빛과 그림자의 교차점이란 메인 광원에서는 그림자가 되는 부분이지만 서브 광원에서는 빛이 닿는 부분을 가리킵니다. 이건 어쩔 수 없는 일이니까 신경 쓰지 마세요. 어떤 광원을 우선해도 좋고, 감각적으로 칠해도 좋습니다. 그리고 억지로 광원을 늘리지 않아도 됩니다. 그렇다면 너무 많아진 그림자를 어떻게 할까요. 자신이 칠하고 싶다고 생각한 위치에, 감각을 믿고서 그림자와 하이라이트를 그리는 방법이 있습니다. 적당히 칠하면 이상해지지 않을까 싶을 수도 있지만, 2차원 채색은 처음부터 모순을 품고 있으니까, 잘 이용하겠다는 마음으로 도전해보세요. 해보면 의외로 잘 될 겁니다.

Q.5 도료 희석에 실패했다

ANSWER : 색을 만들었으면 살짝 칠해서 판단하세요

눈에 안 띄는 부분부터 칠해보세요

희석 실패는 진하거나 묽거나 둘 중 하나. 너무 묽을 때는 도료 농도를 다시 조절하면 됩니다. 묽다는 건 희석액이 너무 많은 상태니까, 도료 병에서 도료를 덜어서 추가하면서 조절하면 됩니다. 조절한 도료로 다시 덧칠해주면 아무 일도 없었다는 것처럼 커버할 수 있습니다. 그리고 너무 진한 경우에는 알아차린 시점에서 바로 붓 등으로 도료를 덜어내고, 남은 부분을 최대한 평평하고 매끄럽게 처리해주세요. 단차를 없애고 평평해졌다면, 다시 희석한 도료를 그 위에 칠하면 됩니다. 이번에는 희석액을 더 추가하세요. 희석하는 감각을 익힐 때까지는 눈에 띄지 않는 곳이나 수정하기 쉬운 곳에 먼저 칠해보면 좋습니다. 색을 만들 때마다 확인하고, 살짝 칠하면서 판단하도록 하세요.

칠하기 전에 시험하는 방법도 있습니다

Q.6 원하는 색을 만들 수 없다

ANSWER : 다른 색이 섞인 건 아닐까요?

붓, 도료 접시, 조색 스틱 등에 도료가 남아 있으면, 나도 모르는 사이에 다른 색이 섞일 가능성이 큽니다. 래커 도료는 용제에 녹는 성질이 있으니까, 색이 옮겨가거나 얼룩지는 일이 흔합니다. 그리고 발색이 좋은 색을 만들고 싶을 때는 검은색을 피하는 쪽이 무난합니다. 사용하는 색도 2, 3색으로 줄이세요. 발색이 좋은 색에 어울리는 거무스름한 색을 만들고 싶을 때는 파랑과 주황색, 녹색과 빨강 등, 색상환(P024 참조)에서 반대쪽에 있는, 보색이 되는 색을 조합하세요. 완전한 검정색은 아니지만, 깊이가 있는 색을 만들 수 있습니다.

MA만 작례 사진 vol.5

「북두의 권 라오우 흉상」 / 카이요도
© 武論尊・原哲夫／コアミックス 1983

MAman's Voice

사나이의 매력이 넘친다!

사진으로 봤을 때의 2차원 느낌을 의식한 작품. 너무 젊지도 늙지도 않은, 묘령의 느낌도 고집했습니다.

피규어와 나

직접 리페인트한 피규어에는
엄청난 애정이 깃들게 됩니다.
도색한 피규어를 진열해두고
감상하는 행복과 즐거움을,
많은 분들이 느끼셨으면 좋겠습니다……!

CHAPTER. 5
애니메이션 도색 번외편

번외편으로서 지금까지와 다른
회화처럼 칠하는 방식을 소개합니다.
붓도색의 가능성은 한없이 펼쳐져 있으니까
나만의 표현을 찾는 데 참고해주셨으면 좋겠습니다.

CHAPTER.5 | 애니메이션 도색 번외편 | 회화처럼 칠하기

여기서는 지금까지 소개한 것과 전혀 다른 방법을 소개하겠습니다. 래커 도료를 사용해서 경계선을 또렷하게 구분한 2차원 도색이 아니라, 수성 도료를 사용하고 바림이나 겹칠을 많이 합니다. 회화적인 리얼함을, 입체물인 피규어에 입혀갑니다. 유화나 수채화를 그려본 경험이 없으면 이해하기 힘든 포인트도 많으니까, 이걸 할 수 있으면 상당한 상급자라고 할 수 있습니다.

사용한 피규어는 이것

북두의 권 / 흉상 콜렉션 토키
폴리스톤제 도색된 완성품

만화 『북두의 권』에 등장하는 인기 캐릭터. 전고가 약 135mm. 이 책에서 리페인트한 피규어 중에서 가장 작습니다. 하지만 치밀한 조형에는 박력이 있고, 리얼한 필치의 리페인트 버전도 발매됐습니다. 이번에는 일반판을 사용해서 MA만 스타일 피규어가 돋보이는 회화 스타일 표현에 도전하겠습니다.

START!!

POINT!

사용할 도구

도료

수성 도료는 잘 퍼지고 물로 간단히 희석할 수 있기에, 색을 섞거나 희미하게 겹치는 사실적인 표현에 적합합니다. 도료를 아끼지 않고 사용하는 것이 성장의 지름길.

웻 팔레트(P022 참조)

수성 도료는 래커 도료보다 잘 마르지 않지만, 역시 시간이 지나면 말라버리게 됩니다. 이번에는 마르는 속도를 조금이라도 늦추기 위해서 사용.

붓

래커 도료처럼 면상필을 써도 문제없지만, 더 신경 쓰고 싶으면 물을 머금었을 때 붓끝이 가늘게 모이는 붓을 고르면 편합니다. 이번에는 사진 왼쪽의 두 자루만 사용.

서페이서

도료를 칠하기 전에 사용하는 밑칠 도료. 도료 종류별로 있는데, 이번에는 수성 도료용을 사용했습니다. 다양한 색이 있으니까 작품의 이미지에 맞춰서 고르세요.

STEP 1 세척, 말리기

피규어 표면에 묻은 유분을 없애기 위해서 전체를 씻어줍니다(P027 참조). 다 씻었으면 키친 타월로 물기를 닦아낸 뒤에 말려주세요. 받침대에는 도료가 묻지 않도록 마스킹을 해줍니다.

POINT!

있으면 편리한 드라이 부스

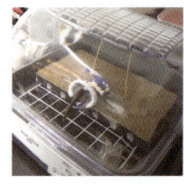

모형 등을 말리는 드라이 부스(P113 참조)를 사용하면 작업 효율이 상승. 피규어는 열을 가하면 변형이나 대미지를 입는 경우도 있으니까, 출력을 약하게 설정하는 쪽이 좋습니다.

STEP 2 서페이서 뿌리기

서페이서를 뿌려주면 도료가 잘 먹히고 색을 깔끔하게 입혀줄 수 있습니다. 수성 도료는 래커에 비해 벗겨지기 쉬우니까, 기본적으로 이 공정을 꼭 해주세요. 원래 색을 리셋해주는 역할도 합니다. 이번에는 검은색 서페이서를 사용했습니다.

STEP 3 피규어 전체에 도료 입히기

전체에 붉은 보라색을 얇게 칠해줍니다. 아직 발색이 그다지 좋지 않은 상태.

푸른 기운이 강한 도료를 전체에 칠합니다. 발색이 많이 좋아졌습니다.

보라색과 파란색 계열 도료를 팔레트에 덜어서 도료가 슥, 하고 칠해지는 정도까지 물로 희석하면서, 팔레트 위에서 색을 적당히 섞어서 칠해줍니다. 전체적으로 칠했으면 완전히 마른 뒤에 다시 색을 칠해주세요. 말릴 때는 드라이어 등을 활용해도 좋습니다.

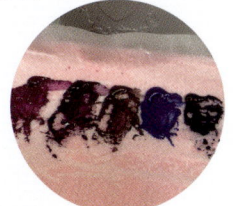
팔레트에서 도료와 물을 섞으면서 칠해주세요.

POINT!
완성한 이미지에 맞춰서 색을 덧칠합니다
이번에는 붉은 보라색 느낌이 도는 피부로 완성하기 위해, 밑색 역할을 겸해서 전체에 약간의 색감을 줬습니다. 바로 피부색을 칠하고 싶은 경우에는 흰색이나 핑크색 계열 서페이서를 사용하면 좋습니다.

STEP 4 발색이 좋아질 때까지 겹쳐 칠하세요

STEP 3과 같은 순서로 세 번쯤 색을 겹칠하세요. 피부는 보라색을 강하게, 머리카락과 옷은 파란색을 강하게 칠했습니다. 사진을 보면 발색이 좋아졌다는 걸 알 수 있습니다. 일단 전체적으로 도료를 입혀주면, 이 뒤에 섬세하게 그려줄 때 도료가 잘 입혀집니다.

세 번째

시작
얼굴 부분은 약간 붉은 기운이 강하고, 옷과 머리카락은 푸른 기운이 살짝 강한 상태.

첫 번째
칠하기 전의 피규어보다 조금 밝은 보라색을 겹쳐서 칠해봤습니다.

두 번째
도료가 마른 뒤에 좀 더 밝은 파란색을 겹쳐서 칠했습니다.

STEP 5 오른팔 칠하기

팔레트에서 도료를 섞으며 색을 만들어서 먼저 팔 앞쪽부터, 대략적인 명암을 의식해서 색을 입힙니다. 다음으로 붓에 물을 머금어서 색과 색의 경계선이 눈에 띄지 않도록 처리해주세요. 이것은 블렌딩이라고 하는, 자주 사용하는 기법입니다. 도료가 마르기 전에 빨리 해주세요.

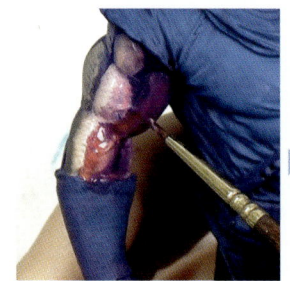
피규어에 칠한 도료가 마르기 전에 물로 경계선을 흐릿하게 해줍니다.

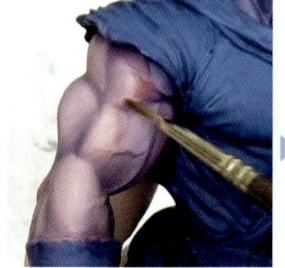
한껏 희석한 도료를 흐릿하게 칠해주면 색이 자연스럽게 변화

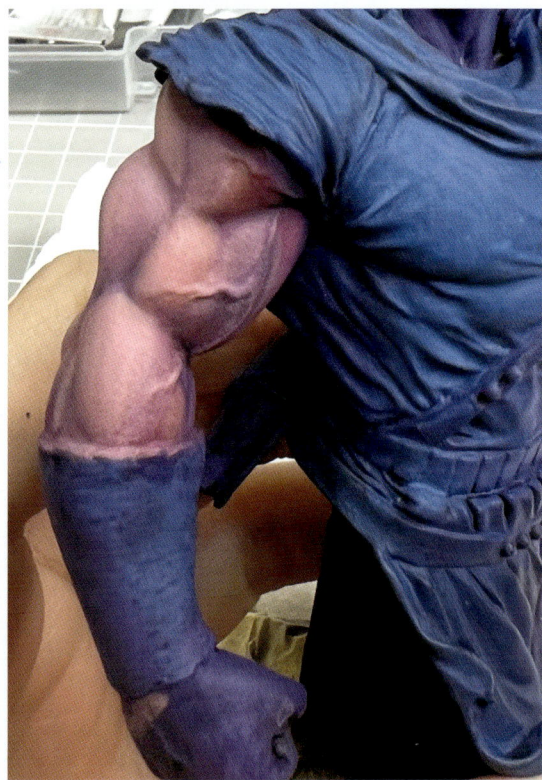

POINT!
팔레트에서 도료를 준비

칠을 시작하기 전에, 제일 밝은 색부터 제일 어두운 색까지, 사용할 것 같은 색을 단계별로 구분해서 팔레트에 짜두세요.

STEP 6 목과 얼굴 칠하기

오른팔이 끝났으면 같은 요령으로 목과 얼굴을 칠합니다. 피부색이 팔과 달라지면 언밸런스해지니까, 너무 칠하지 않게 주의. 목은 그림자가 크게 드리우는 곳이니까 어두운색으로 음영을 구분해서 그려줍니다. 전체에 색을 입혔으면 더 세세하게 색을 입혀서 원하는 이미지에 다가갑니다.

POINT!
밝게 & 어둡게 칠할 곳 정하는 방법

왼쪽 뺨을 밝게, 목은 전체를 얼굴보다 한두 톤 어둡게 등, 대략적인 명암을 정해주세요. 확실한 경계선이 있는 게 아니니까, 대략적으로 정하는 정도면 충분합니다.

POINT!
완성된 이미지를 정해두세요

완성하고 싶은 테이스트나 좋아하는 분위기의 이미지를 정해두면, 망설이지 않고 매끄럽게 작업을 진행할 수 있습니다. 이번 방법으로 칠할 때는 작업에 끝이 없으니까, 스스로 끝나는 지점을 정해둘 필요가 있습니다.

STEP 7 피부 전체의 균형을 보면서 가필 수정한다

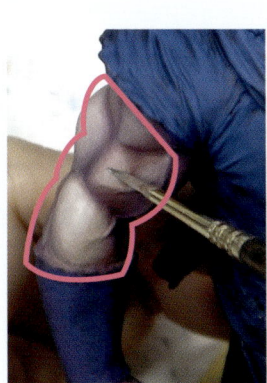

팔, 얼굴, 목까지 피부 전체를 칠했으면 피규어 전체를 보면서 색을 밝게 해주는 등의 가필 수정을 합니다. 사진은 팔의 하이라이트를 좀 더 극단적으로 넣어주기 위해서 수정하는 모습. 이번에는 이 방법으로 진행했지만, 방법은 다양합니다. 어디까지나 하나의 예로 생각해주세요.

STEP 8 눈동자 그리기

표정은 피규어 전체의 이미지를 결정하는 중요한 포인트. 이번에는 피규어가 작으니까 너무 세세하게 그릴 것 없이, 육안으로 감상했을 때 위화감이 없는 정도로 끝냈습니다.

POINT!
사진을 찍어서 체크

눈동자 위치, 흰자위 비율 등은 육안에만 의존하지 말고, 작업하는 중에도 사진을 찍어서 확인하며 진행하세요. 사진으로 체크하면 균형이 무너진 것 등을 발견하기가 쉽습니다.

장식했을 때 위화감이 없도록 흰자위, 눈동자, 윤곽을 그립니다.

STEP 9 머리카락 칠하기

머리카락 전체를 파란 보라색에서 파란색으로 바꿔준 뒤에 백발로 칠해주면, 색에 깊이가 생깁니다. 밑색이 살짝 비치도록 머리카락을 칠해주기 때문에, 발색이 좋아지도록 명도, 채도를 높여주는 것을 의식하며 색을 만들어주세요. 한 번에 깔끔하게 입혀지지 않았다면, 겹쳐 칠해서 확실하게 색을 입혀주세요.

첫 번째

두 번째

POINT!
머리카락이 날리는 느낌을 강조

최종적으로는 백발로 만들 예정이라서 파란색은 거의 가려지지만, 음영을 의식해서 겹칠을 해주세요. 그러면 머리카락 날리는 입체감이 보다 강조됩니다.

네 번째

세 번째

다음으로 더 옅은 회색을 덧칠. 하얀 느낌이 더 강해졌지만, 그래도 파란 밑색이 어렴풋이 비치는 걸 알 수 있습니다. 이렇게, 원하는 농담이 될 때까지 계속 칠해주세요.

머리카락 도료가 완전히 마르면 서서히 백발로 만들어갑니다. 먼저 전체에 옅은 회색을 겹칠합니다. 다 칠했으면 완전히 말려주세요.

완성

POINT!
요철이 많은 조형을 살린다

원래 피규어의 조형이 세세하고, 특히 머리카락은 요철이 많습니다. 이 조형만으로도 입체감은 살아나지만, 이걸 더욱 두드러지게 해주기 위해서 튀어나온 부분에 하이라이트를 넣어줍니다.

하얀색에 가까운 옅은 회색을 더 겹칠. 완전히 말린 뒤에 하이라이트 부분을 중심으로 흰색을 조금씩 그려 넣어서 어렴풋한 색감이 가벼운 그림자로 보이는, 입체감이 있는 백발이 되어갑니다.

STEP 10 옷 칠하기

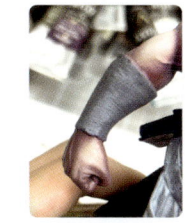

POINT! 자잘한 부분 그리기는 마지막에!

이번에 사용한 도료는 상당히 희석했으니까, 한 번에 색이 입혀지지 않습니다. 여러 번 겹쳐 칠해서 어느 정도 색을 낸 뒤에 음영 등의 자잘한 부분을 같은 색감으로 그려서, 회화 느낌의 음영을 표현했습니다.

바로 전체에 색을 입혀줍니다. 의상은 약간 푸르스름한 회색으로 처리했는데, 밑색의 푸른 색감을 살리기 위해서 겹칠하는 색은 주로 회색 등의 무채색. 명도를 바꿔서 3가지 정도 색을 팔레트에 만들어두고, 슥슥 칠해갑니다. 바림이나 겹칠을 하면서 칠해주세요.

밑색이 보일 정도로 도료를 희석했지만, 계속 겹칠하면 괜찮습니다.

STEP 11 벨트 등의 장식품 칠하기

먼저 베이스 컬러를 칠해주세요. 이 단계에서 옷 부분에 색이 삐져나오면 수정하기가 상당히 힘드니까, 꼼꼼하게 칠해주세요. 베이스를 칠했으면 색을 여러 번 겹칠해서 음영을 만들어줍니다. 이 약간의 수고가 완성했을 때 차이가 나게 합니다.

POINT! 일부러 붓자국 남기기

어깨 갑옷 부분 등을 보면 알 수 있듯이, 일부러 붓자국을 남기면서 칠했습니다. 이렇게 일부러 붓자국을 보여줘서, 작품에 붓자국의 맛을 더해줄 수 있습니다.

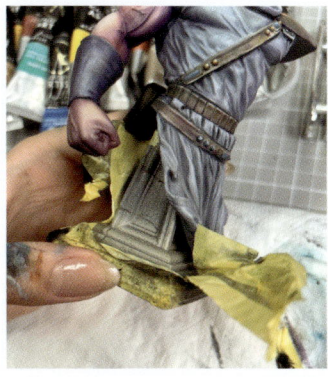

받침대 마스킹을 벗기면 완성. 솔직히 이 순간이 최고!

Before

이번에 소개한 방법은 피규어에서는 많이 사용하지 않는 기법이라서, 완성했을 때의 변화를 잘 알 수 있습니다. 「회화 느낌으로 칠한다」라는 테마인데, 사진을 그대로 그림으로 만드는 것 같은 방법이 아니라, 그러데이션이나 색이 복잡하게 섞이는 것을 활용한 리얼함을 노렸습니다. 일부러 붓자국을 남긴, 붓도 색만의 장점도 느껴주셨으면 싶습니다.

After

가장 신경 쓴 부분은 피부 질감. 많은 색이 복잡하게 섞인 상태는, 지금까지 소개한 2차원 도색에서는 어려운 표현입니다. 밑색을 어두운색으로 칠해서, 전체적인 발색이 너무 밝지 않고 차분한 인상이 됐습니다.

머리카락 음영에도 주목. 살짝 푸르스름한 그림자가 된 것은 백발로 만들기 전에 밑색으로 사용한 파란색 덕분입니다. 다양한 색을 여러 겹으로 칠해가는 사이에 독특한 질감과 입체감이 생겨 났습니다.

After

COLUMN 피규어 촬영 테크닉

리페인트가 완성됐으면 멋있게 사진을 찍어봅시다.
DSLR이든 스마트폰이든, 어떤 카메라에서도
도움이 되는 기본적인 기술을 소개합니다.

POINT!

배경지를 준비하자

피규어를 놓아둘 책상이나 받침대는 수평을 유지. 바닥이 기울어 있으면 피규어도 기울게 됩니다. 그리고 필요 없는 것들까지 찍히지 않도록 배경지를 준비하세요. 색은 흰색이나 검정이 사용하기 좋습니다. 배경지 크기는 가로세로가 각각 피규어보다 4배 정도면 안심.

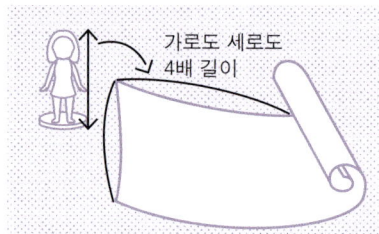

가로도 세로도 4배 길이

창가에서 촬영

낮에 촬영한다면 창가에서 촬영하세요. 태양광을 활용하기만 해도 피규어 자체의 색 재현성이 좋아집니다. 햇볕이 직접 닿지 않도록 피규어를 놓고, 창문이나 태양이 칠할 때 설정한 메인 광원의 위치에 오는 이미지로 세팅할 수 있다면 베스트!

100엔 숍에서 장만하자!

배경지를 고정할 도구

신축 가능한 봉이나 스탠드를 조합하고, 가장 위쪽에 클립을 달아주는 간단한 것이면 OK. 100엔 숍에 있는 것으로 자작할 수 있습니다.

라이트를 고정할 것

라이트를 끼울 수 있는 클립 타입 플렉시블 암이 편리. 라이트 위치와 각도를 조절하기 쉽습니다.

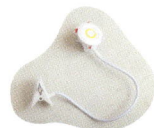

도구를 준비하자

멋진 사진을 찍기 위해서 필요한 도구는 네 가지. 먼저 비디오 라이트 등의 조명 도구. 작은 것이라도 좋으니까 가능하다면 2, 3개는 준비해주세요. 다음으로 카메라를 고정할 삼각대. 스마트폰으로 찍을 때도 있는 편이 좋습니다. 배경지, 조명을 고정하는 도구는 100엔 숍 등에서 구입할 수 있습니다.

비디오 라이트

LED 라이트가 사용하기 편합니다. 색온도를 설정할 수 있는 것으로 고르세요. 색온도 단위는 켈빈으로 표시.

삼각대

1미터 정도까지 늘릴 수 있는 것으로. 피규어는 대부분 실내에서 촬영하니까, 가벼운 것이라도 문제 없습니다.

세팅

Step 1 배경 세팅

배경에는 도화지 같은 종이를 사용해도 되지만, 추천하는 것은 PVC 소재. 접힌 선이나 얼룩이 잘 생기지 않고 다루기 편합니다. 그리고 촬영에 사용하는 것은 배경을 고정한 클립 아래쪽 부분. 배경을 고정할 스탠드가 없는 경우에는 벽에 붙여도 되지만, 장소가 고정되고 뒤쪽에서 조명을 비출 수 없는 등의 문제가 있습니다.

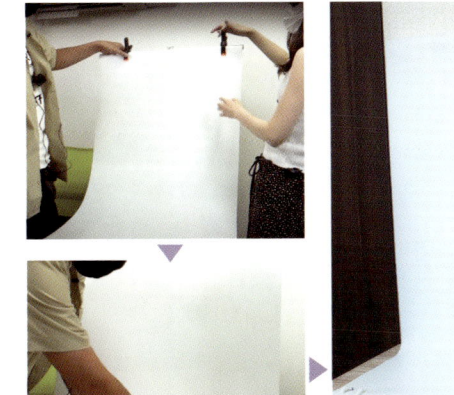

Step 2 피규어 놓기

세팅한 배경 위에 피규어를 놓습니다. 안쪽에 놨을 때와 앞쪽에 놨을 때에 따라 빛이 비치는 방식이 달라지니까, 어떤 사진을 찍고 싶은지를 생각해서 결정하세요. 피규어에 그림자가 필요할 때, 무늬가 있는 배경을 사용했을 때는 안쪽에 두는 쪽이 좋습니다. 앞쪽으로 가까이 올수록 뒤에 있는 배경의 존재감이 약해집니다. 단, 피규어 앞쪽에 조명을 놓아둘 공간을 만들어주는 것도 잊지 마세요.

Step 3 조명 비추기

피규어에 빛이 닿도록 조명을 설치합니다. 색온도는 피규어의 색을 제대로 표현할 수 있도록 설정. 수치가 높아지면 푸르스름해지고 낮으면 노랗게 보이니까, 실제로 피규어에 비춰보면서 적절한 색온도를 찾아보세요. 조명을 놓는 위치는 그림자가 생기는 것을 보면서 결정하세요. 빛이 너무 강할 때는 다른 방향에 조명을 추가하는 등의 방법으로 조절하세요.

색온도가 낮다

색온도가 낮으면 피부가 붉그스름하게 보입니다.

색온도가 높다

색온도가 높으면 전체적으로 푸르스름해집니다.

먼저 앞쪽에서 빛을 비춰보고서 조명의 숫자와 위치, 각도를 조절.

간단히 할 수 있는 다양한 촬영 방법

스탠더드한 사진

리페인트의 채색을 가능한 한 충실하게 표현하고 싶을 때는 이쪽. 빛이 전체적으로 비치고 그림자가 거의 생기지 않도록 세팅. 피규어의 색감도 정확하게 나오도록 설정하세요. 피규어를 놓는 각도나 카메라의 앵글은 리페인트할 때 설정한 포인트 앵글로.

그림자를 이용해서 멋지게 촬영

실내를 살짝 어둡게 하고 그림자를 만들고 싶은 방향으로 조명을 비춥니다. 긴장감이나 무시무시한 느낌이 필요할 때 추천. 그림자를 의식해서 빛을 비추면 필연적으로 피규어의 색도 진해지니까, 그림자만 의식하지 말고 피규어의 색과 전체적인 균형도 확인하세요.

한 단계 더 응용

색을 입혀서 인상적으로 촬영

비디오 라이트 중에는 빨간색이나 녹색 등으로 색을 조절할 수 있는 타입이 있습니다. 이런 컬러 라이트를 사용하면 피규어의 색에도 영향을 줘서 주의해야 하지만, 잘만 사용하면 독자적인 세계관을 표현한 인상적인 사진이 됩니다.

각도를 바꿔서 박력을 연출

예를 들어서 위쪽을 보는 캐릭터라면 위에서, 고개를 살짝 숙인 캐릭터는 아래에서 찍는 등, 카메라 워크도 연습해보면 좋습니다. 각도만 바꿔도 캐릭터의 분위기가 크게 달라집니다.

iPhone 다루는 방법

DSLR이나 미러리스가 없더라도, 스마트폰만으로도 충분히 퀄리티가 좋은 사진을 찍을 수 있습니다. 다양한 카메라 앱이 있고, 디테일한 설정이 가능한 것도 많습니다. 여기서는 iPhone에 기본적으로 설치된 카메라 앱 설정을 보면서 피규어 촬영에 활용할 수 있는 기능을 소개하겠습니다.

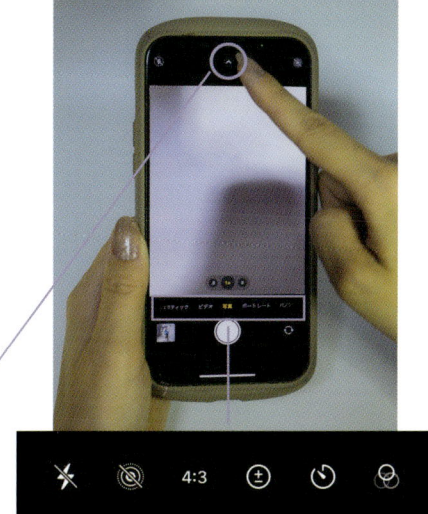

플래시

기본적으로는 꺼두세요. 자동, 온, 오프 설정이 가능한데, 일단 피규어 설정에서는 사용하지 않습니다. 플래시를 사용하면 디지털 처리로 밝게 보정한 사진이 돼버리면서 이미지의 색을 열화시켜버리니까 주의하세요.

라이브 기능

꺼두세요. 라이브 기능은 움직이는 사진을 촬영하는 기능. 자동, 온, 오프 설정이 가능하고, 루프나 장시간 노출 등의 이펙트 기능이 있습니다. 기본적으로 피규어를 움직이면서 촬영할 일은 없으니까, 이번 촬영에서는 필요 없는 기능입니다.

비율

사진의 가로세로 비율을 정하는 기능. 정사각형, 4:3, 16:9 중에서 선택 가능. 취향에 따라 선택하면 되는데, 일반적인 사진은 4:3으로 촬영합니다. 정사각형은 Instagram, 16:9는 동영상 등에서 많이 사용합니다.

노출

수치에 따라 사진의 밝기가 달라집니다. iPhone의 구조상 여기서 밝기를 조절하면 디지털 처리를 안 하니까, 화질 열화 없이 밝은 사진을 찍을 수 있습니다. 사진이 어둡다 싶을 때는 노출을 바꿔보세요.

타이머

셀카 등에서 사용하는 기능. 타이머 오프, 3초, 10초 중에서 선택 가능. 촬영 버튼을 누르고 몇 초 뒤에 사진을 찍을지 설정 가능합니다. 밝은 곳에서 촬영할 때는 필요 없지만, 어두운 곳에서는 의외로 도움이 됩니다. 삼각대에 세팅하고 타이머를 사용하면 타이머를 누르는 진동 때문에 사진이 흔들리는 것을 막을 수 있습니다.

필터

색온도와 대비, 채도를 변경 가능. 여기서 설정한 것은 앱에서 보정하는 것과 다르게 화질이 열화되지 않으니까, 써보면 재미있습니다.

MA만 아틀리에

동영상 촬영 공간

비디오 카메라나 조명 등은 항상 세팅된 상태. 오른손으로 작업하는 모습이 제대로 보이도록, 메인 카메라는 왼쪽에서 촬영. 오른쪽 끝에는 스마트폰 등을 고정해서 위쪽에서 촬영할 수 있는 암을 두세 개 세팅. 평소에는 방해되지 않도록 한쪽에 치워둡니다. 메인 카메라 영상은 붓도색 공간 정면의 하얀 수납장 위에 있는 모니터에 표시.

❶전경은 정점 카메라로 항상 촬영. ❷손을 촬영하는 위치에 카메라를 한 대 더 설치.

대공개

작품을 차례로 만들어내는 아틀리에는 쾌적하고 효율적인 도색을 위한 요소들이 가득. 애용품 등을 소개하겠습니다.

붓도색 공간

아틀리에의 심장부! 책상을 L자 모양으로 배치해서 붓도색 작업은 거의 오른쪽 책상에서만 완결할 수 있게 설치했습니다. 필요한 도구를 집약하고 자주 사용하는 것들은 바로 잡을 수 있는 곳에 배치. 어깨 폭보다 조금 넓은 정도의 공간이 실질적인 붓도색 공간입니다. 정면 수납장에는 대략적으로 색을 구분한 래커 도료를 수납. 오른쪽에 붓꽂이나 붓을 씻는 병 등을 두고, 도료 접시와 마스킹 테이프 등의 자잘한 것들은 칸막이로 구분된 수납 트레이에 정리해뒀습니다.

❶최대한 움직이지 않아도 되도록 작업 공간을 콤팩트하게 배치. ❷뭐가 어디 있는지 한눈에 알 수 있도록 궁리한 배치. ❸위에서 본 붓도색 공간.

에어브러시 도색 부스

붓도색 공간 왼쪽에 도색 부스를 설치. 에어브러시 작업 외에 컬러 스프레이나 서페이서를 뿌리는 등 환기가 필요한 작업은 여기서 합니다. 도색 부스는 주문 제작품. 부스 바로 위에 있는 스위치로 배기 강약을 조절 가능. 부스 안쪽에 키친 보드를 붙여서 슥 닦기만 해도 도료를 닦아낼 수 있는 등 정비성도 고려한 구조. 컴프레서는 책상 아래에 있는데, 소리가 덜 나도록 방음성이 높은 칸막이를 둘렀습니다.

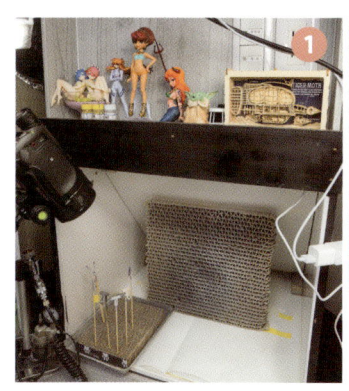

❶부스 위쪽과 바깥쪽에는 자석을 이용해서 메모지를 붙여놓는 등에 활용. ❷덕트 설치도 오더메이드.

 ## 도료

래커 도료, 수성 도료, 에나멜 도료 등 종류별로 모아서 정리. 가장 자주 사용하는 래커 도료는 숫자가 많아서 여러 곳에 분산해서 보관. 메이커마다 도료병 크기가 다르기 때문에 Mr.COLOR 녹색 계열은 여기, 가이아 컬러 베이지 계열은 여기 같은 방식으로 분류했습니다. 가장 자주 사용하는 도료는 붓도색 공간 정면의 하얀 서랍 등 바로 손이 닿는 곳에 두고, 자주 사용하지 않는 도료는 장식장 안쪽 등에 보관합니다.

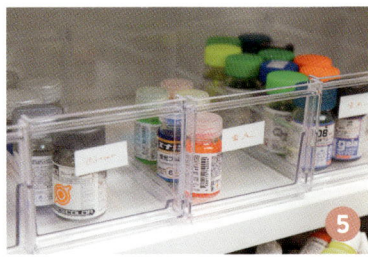

❶거대한 수납 선반도 활용. ❷도료 병 크기에 맞춰서 서랍 높이를 조절한 주문 제작품. ❸도료 병 사이즈에 따라 수납 방법이 다르다. ❹자주 사용하지 않는 에나멜 도료는 안쪽이 제자리. ❺❻서랍에 라벨을 붙여서 정리.

 ## 붓

붓꽂이를 여러 개 사용해서 정리. 가장 자주 사용하는 붓은 가장 잡기 쉬운 오른손 앞에 있습니다. 붓의 굵기와 종류를 엄밀하게 구분하는 게 아니라, 평소 도색에 사용하는 메인 붓, 낡은 붓, 평붓&필버트, 새 붓 등등 정도로 분류합니다. 도색 접시나 붓을 씻는 물병 등, 붓과 세트로 사용하는 것들도 가능한 한 가까운 곳에 배치.

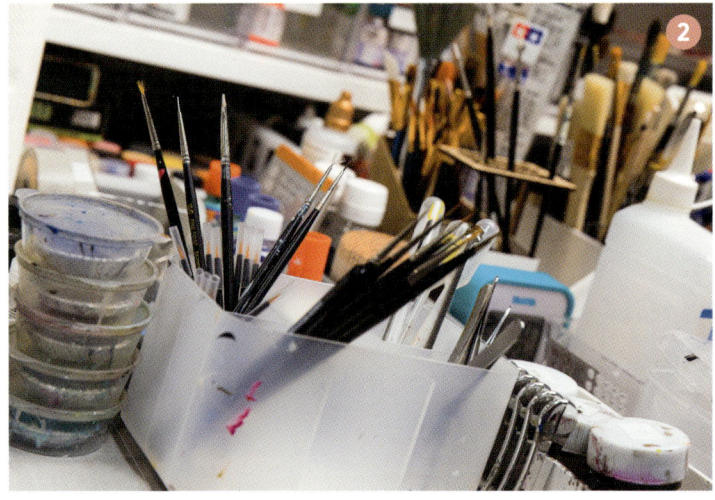

❶도색에 사용하는 붓 외에 서예용 붓 등도 있다. ❷스포이드나 핀셋 등 길쭉한 도구도 같이 정리. ❸평붓이나 필버트는 자주 사용하지 않으니까 안쪽에 모아뒀다.

MAman Atelier room

자료

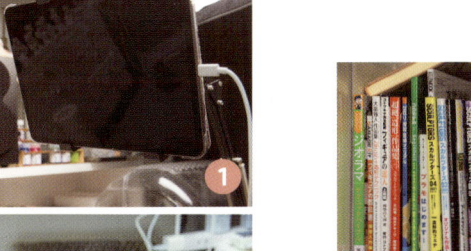

❶❷ iPad를 가동식 암에 고정. 보기 쉬운 위치로 조절도 간단. ❸ 조형이나 디오라마에 관한 테크닉 책, 화집, 서예 책, 작품을 만들 때 참고가 되는 책들이 있다. ❹ 노트북 컴퓨터도 설치.

인터넷에서 모은 자료나 촬영한 데이터는 iPad에 표시. 자료를 표시하거나 검색하는 등, 언제든 사용할 수 있도록 가까운 곳에 설치. L자 모양으로 배치한 책상 왼쪽에는 책장을 설치. 자주 사용하는 것만 선별해서 당장 사용할 수 있도록 했습니다.

작업 의자

리페인트 작업은 아무래도 오랫동안 앉아 있게 되니까, 앉기 편하고 좋은 의자가 필수. 그래서 몸을 딱 잡아주는 게이밍 체어를 사용합니다. 목과 허리에는 위치를 조절할 수 있는 쿠션도 있고, 팔걸이도 활용. 부드럽게 이동, 회전이 가능한 점도 좋습니다.

쿠션은 교체하기 편한 쪽을 중시. 리클라이닝 기능도 마음에 듭니다.

리페인트 아이템

리페인트에 사용하는 도구는 잔뜩 있는데, 자주 사용하는 것은 딱 보기만 해도 뭐가 어디에 있는지 파악할 수 있는 점이 중요. 칸막이 트레이를 잘 활용해서 정리했습니다. 수성 도료 세트와 조형 세트 등, 작업별로 모아둔 점이 포인트.

비축품

마스킹 테이프나 도료 접시 등, 자잘한 비축품은 작은 서랍에 모아서 보관. 시너 계열 용제 등 덩치가 크거나 무거운 것들은 책상 아래의 커다란 서랍에 보관. 업무용 대형 도료 선반도 도입!

  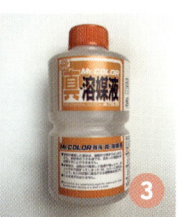

❶ 정리 정돈 아이템은 100엔 숍에서 장만. 회색 칸막이 트레이는 젓가락이나 숟가락을 구분하기 위한 물건. ❷ 피규어를 말리는 드라이 부스. 아틀리에에서는 사진의 식기 건조기를 사용. ❸ 크레오스의「진용매액」은 굳어버린 도료를 원래 상태로 부활시켜주는 편리한 아이템.

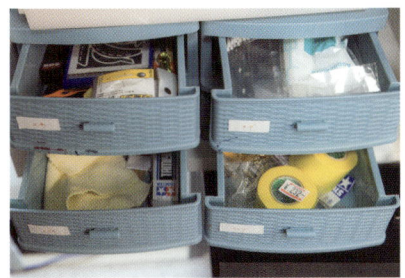

자잘한 물건들은 서랍에 수납. 기타 재료 등은 벽장에 수납.

조형과 조색에 대한 고집, 아틀리에 탐방 등 피규어의 매력을 철저

프로 원형사×피규어

피규어 업계 제1선을 달리고 있는 프로 원형사 야마시타 마나부, 이시자키 사오리 부부.
MA만이 예전부터 동경하던 두 사람과의 좌담회를 실현!
리페인트와 조형, 귀중한 아틀리에 리포트 등, 서로의 피규어에 대한 사랑을 이야기한다!

해부!

페인터 좌담회

원형사란?

피규어와 관련된 일 중에 하나. 대량 생산을 위한 바탕이 되는 피규어를 조형하는 전문가. 넓은 의미로 보면 피규어를 입체화하는 조형사에도 해당되며, 상품의 퀄리티와 직결되는 중요한 역할을 맡는다.

야마시타 마나부(왼쪽)
2013년에 독립, 조형 대회 출장을 계기로 업계 밖에서도 지명도가 단번에 상승. 최근에는 경품 메이커의 대형 피규어 시리즈를 많이 담당, 오리지널 작품 신작도 열심히 제작 중!
X @yamashita_manab

이시자키 사오리(중앙)
어뮤즈먼트 경품 피규어를 중심으로, 인형풍 디자인의 데포르메 시리즈 등을 담당. 여성 팬 대상 히트 상품이 많고, 피규어 팬층 확대에도 크게 공헌.
X @ishizaki_saori

만난 계기는 Twitter

MA만(이하 MA) 「제가 두 분을 동경하게 된 것은 2020년 무렵입니다. 마침 리페인트 작품을 YouTube에 올리기 시작하고 1년쯤 됐을 때죠. SNS에 적극적으로 업로드하는 조형사나 원형사 분들은 별로 없는데, 두 분은 Twitter에 글을 꽤 많이 올리셔서 체크하고 있었습니다. 이시자키 씨 작품은 피규어로서는 물론이고 멋지고 귀여운 소품으로서도 아주 좋아합니다. 야마시타 씨 작품은 주름 등의 표현이 대단해서 보고 있으면 즐겁습니다.」

야마시타 마나부(이하 야마시타) 「저희가 Twitter에서 MA만 씨를 알게 된 것도 그 무렵이었죠.」

이시자키 사오리(이하 이시자키) 「흑백으로 리페인트한 동영상(※1)을 알고, 정말 큰 충격을 받았었죠.」

야마시타 「그 작품은 리페인트를 시작하고 얼마나 지났을 때 것인가요?」

MA 「1년 이내였죠. 꽤 초기 작품입니다. 그 흑백 리페인트는 많은 분들께 저를 알리는 계기가 된 작품입니다.」

야마시타 「그 작품을 보고 또 어떤 도색을 하셨을까 궁금해져서, 예전 글들을 보게 됐죠(웃음). 그것도 정말 대단했죠, 붓으로 그러데이션 도색을 했던 회화 스타일 2차원 리페인트(※2)」

MA 「고맙습니다! 야마시타 씨가 조형했던 피규어도 그 무

렵에 칠했었는데, 정말 즐거웠습니다! 제가 하고 있는 2차원 채색은 아주 극단적인 도색 방법인데, 그 특징을 현저하게 살릴 수 있었습니다.」

1. 피규어를 구성하는 부품은 섞이지 않도록 작품별로 구분해서 보관. 2. 이시자키 씨가 맡는 작품은 여성 팬이 많다. 3. 이시자키 씨의 대표작인 「DOLLEL」 시리즈. '너무 귀여워서 계속 보게 됩니다'(MA만) 4. 좌담회 장소는 이시자키 씨, 야마지키 씨의 아틀리에. 5. 야마시타 씨의 오리지널 작품 「OKIMONO series Julo」. 너무 리얼한 옷의 주름이나 질감 등 세세한 표현이 치밀해서 가까이에서 봐도 즐겁다.

> **흑백 리페인트를 보고 엄청나게 큰 충격을 받았습니다**
> [이시자키]

5

야마시타 「정말 기쁘네요!」
이시자키 「하긴, 조형 단계부터 그림자가 지는 곳이나 색 덩어리 등을 생각하는 것 같습니다. 단색으로 칠해도 멋지게 보이는 형태를 의식하는 것 같습니다.」
MA 「맞아요! 심플한 조형에 딱딱 구분되는 2차원 채색을 할 때는, 제가 멋대로 그림자를 만드는 경우가 많습니다.」
이시자키 「그렇겠죠! 동영상이나 작품을 보고 그 점이 대단하다고 생각했습니다.」
야마시타 「오히려 심플한 조형 쪽이 칠하면서 즐기기에 좋지 않나요?」
MA 「저는 훌륭한 조형의 피규어를 칠하는 게 좋습니다. 건방진 소리지만, 제가 만든 것도 아닌데 마치 같이 만들고 있는 것 같은 기분이 듭니다(웃음).」

※1. YouTube 「MA만 ch.」의 「네즈코 피규어를 붓으로 흑백으로 칠해봤더니 만화에서 튀어 나와버렸다….」
※2. YouTube 「MA만 ch.」의 「피규어 도색가가 ○개월 동안 진심으로 킬러퀸을 회화 느낌으로 칠했더니 엄청 끝내줬다.」

리페인트에 대한 생각

MA 「도색된 피규어 작품에 새로운 색을 더하는 리페인트라는 즐기는 방법에 대해, 상업 원형사로서 제1선에서 활약하고 있는 이시자키 씨와 야마자키 씨는 어떻게 생각하시나요?」

야마시타 「즐겨주신다면 좋다고 생각합니다. 리페인트를 하면서 좋은 것을 발신해주신다면, 저희도 정말 기쁩니다.」

이시자키 「상업 원형사인 이상 공정 수 등의 지켜야 할 것들이 있습니다. 그렇게 되면 제가 할 수 없는 표현도 나오는데, 그걸 리페인트하는 걸 보다보면 '오!'하고 생각하게 됩니다. 그냥 사서 장식하는 게 아닌 다른 방법으로 이용해주시는 것도 꽤 기쁩니다.」

MA 「두 분이 그렇게 생각해주시다니, 정말 기쁩니다! 조형하시는 분의 말씀이라서 그런지 정말 무겁게 느껴지네요!」

이시자키 「조형을 하다보면 여길 만드는 게 재미있다, 이걸 생각하는 게 재미있다는 순간이 있는데, MA만 씨의 도색도 그런 순간인 것 같다고 생각합니다.」

조형의 아날로그와 디지털

MA 「제가 두 분과 처음 만났던 건 조형 작품 전시 판매 등을 하는 이벤트였었죠. 지금은 디지털(※3) 조형이 많아졌지만, 두 분은 지금도 아날로그(※4)로 조형하신다는 이야기를 듣고 '기술만 있으면 누구라도 당장 내일부터 할 수 있다!'라는 점에서 친근감을 느꼈습니다. 사실은 엄청난 기술인데(웃음).」

야마시타 「어떻게 아날로그라는 걸 아셨나요?」

이시자키 「2019년이면 이벤트에 처음 나가기 시작한 때인데, Twitter라도 보시지 않았을까요?」

MA 「업계 관계자 분께도 들었습니다.」

야마시타 「아날로그에서 디지털로 옮겨가는 흐름은 분명히 존재합니다. 시대의 흐름도 있지만, 세상이 보다 설정에 충실한 것을 원하고 있는 것인지도 모릅니다.」

MA 「그런데 디지털 조형에 원형사나 조형사의 개성이 들어갈 여지는 있나요?」

이시자키 「아날로그보다 현저할지도 모르겠네요.」

MA 「그렇군요! 의외네요. 이유는?」

이시자키 「점점 세련되어지다 보면, 아날로그건 디지털이건 목적지는 거의 같다고 생각합니다. 하지만 도구로서의 개성이 강한 디지털 조형에서는, 목적지에 도착할 때까지의 공

야마시타 「감각적으로는 비슷할지도 모르겠네요.」
이시자키 「그리거나, 조형에 없는 부분을 추가하고 계시죠. '여길 표현하면 틀림없이 재미있다!!'라고 생각하면서 칠하고 있을 것 같다고 생각합니다.」
MA 「그렇습니다. 저는 원래 유화로 인물화 같은 걸 그렸으니까요.」

야마시타 「그 느낌, 정말 잘 알아요!」
이시자키 「2차원 채색은 기본적으로 포인트 앵글 한정으로 '여기서 보면 완전히 2차원'이라는 도색이라고 생각합니다. 하지만 MA만 씨의 리페인트는 이리저리 돌려봐도 전부 2차원으로 보입니다. 이건 데생의 힘이죠. 데생이 제대로 됐으니까 360도 어디서 봐도 앞뒤가 맞는 선을 만들 수 있는 것 같습니다. 보고 있으면 기분이 좋습니다!」

> **좋은 리페인트는 저희도 정말 기쁩니다**
> (야마시타)

정에 작가의 개성이나 특징이 드러나기 쉬워집니다.」
야마시타 「데생 능력 같은 게 정말 현저하죠.」
이시자키 「디지털도 아날로그도 결국은 도구. 디지털이라고 무조건 좋은 게 아니라, 제대로 다루는 게 중요합니다.」
MA 「그런데 두 분은 디지털을 사용해보신 적이 있나요?」
이시자키 「…연습 중입니다(웃음)! 아날로그파 사람에게도 특기 소재가 있어서, 같은 아날로그라도 소재가 달라지면 다루기 힘듭니다. 아마 디지털도 마찬가지고, 소재가 달라졌을 뿐이겠죠. 익숙해질 때까지 연습시간이 필요한데, 그 시간을 낼 수 있을지….」
MA 「그렇군요! 그림 업계와 똑같네요.」

> **아날로그 조형이라는 얘기를 듣고 엄청난 기술인데도 친근감** (MA 만)

※3 디지털 조형이란 디지털 툴을 사용하는 조형 방법. 컴퓨터로 3D 모양을 만들고, 데이터로 납품하는 것이 가능. SD 프린터로 출력하면 어디서나 바로 실물을 만들 수 있다.
※4 아날로그 조형이란 스컬피나 폴리 퍼티 등의 점토 같은 소재를 사용해서 수작업으로 조형하는 방법. 뼈대에 대략적인 모양으로 살을 붙이고 조형 주걱으로 모양을 다듬어간다.

원형사가 하는 일과 오리지널 작품

MA 「실은 조형에도 정말 관심이 많습니다. 두 분 Twitter를 보다가 조형을 잘 하는 분들이 정말 부러워졌습니다. 아주 즐거워 보이거든요. 그러고 보니까 제가 다녔던 미대의 유화 과정에는 조형물을 만들어서 유채 물감을 칠하는 사람도 꽤 많았습니다.」

이시자키 「그랬나요? 재미있네요!」

MA 「예전에 아주 조금 조형에 도전할 기회가 있었습니다. 피규어 같은 작은 조형물은 전혀 경험이 없는데, 기술이나 지식이 없으면 정말 어렵더라고요. 손을 움직일 시간이 필요. 그래서 두 분처럼 만들 수 있다면 정말 즐겁겠다 싶었죠.」

야마시타 「즐겁죠~! 저도 유화를 해봤는데, 화면을 구성하는 감각으로 입체의 균형을 잡고 있습니다.」

MA 「역시 연결되는 부분이 있군요. 어떤 작업이 제일 즐거우신가요?」

이시자키 「저는 마무리려나요.」

야마시타 「저도 그렇습니다. 마지막 라인을 만들 때쯤이 제일 즐겁습니다.」

MA 「만들고 싶은 이미지에 다가가기 때문인가요? 아니면 작업하는 것 그 자체가 즐거운 건가요?」

이시자키 「세세한 부분을 만들어가는 것이 즐겁습니다. 조형 작업에서 흔히 있는 일인데, 처음부터 만들기 시작할 때는 매번 지난번에 어떻게 했는지 도무지 모르게 돼버립니다(웃음). 몇 번이나 해온 일인데 말이죠. '어떻게 했더라'라고 생각하면서 형태를 모색하고, 때로는 큰 공사를 하거나 자르고 붙이거나 하면. 구성한 뒤에 더 귀엽게, 멋지게 만들어보자고 텐션이 올라가는 단계부터 즐거워집니다.」

MA 「두 분 모두 오리지널 작품이 있는데, 일로 할 때와 비교해서 만드는 방법이 다른가요?」

이시자키 「기본적으로는 똑같습니다. 오리지널에는 설정이 없으니까 만들면서 '이게 좋겠네'라고 바꾸는 경우는 있지만. 제 경우에는 제가 정한 납기 안에 완성할 수 있는 디자인을 생각하니까, 아티스트 스타일은 아닐지도 모릅니다.」

야마시타 「그래도 오리지널 작품은 방향성이 자유롭죠.」

이시자키 「그렇죠. 제 작품은 데포르메한 모델이니까, 실루엣의 귀여움을 의식합니다. 그리고 소품들. 유행하는 시스루 부츠를 도입하는 등, 패션적인 부분에 중점을 두고 있습니다.」

MA 「정말 멋지네요!」

1. 이시자키 씨가 직접 작업장을 안내해주셨다. 2. 조형을 다듬는 주걱을 손에 들고 흥미롭게 관찰. 「프로의 작업 도구를 만져보다니, 감동했어요…」(MA 만) 3. 인쇄, 전사가 가능한 데칼이라는 기술도 활용. 「인쇄한 눈동자 위에 얼굴 부품을 겹쳐서 고양이 눈으로 만듭니다」(이시자키) 4. 「도색과 마스킹하는 수고를 줄이기 위해, 색을 구분할 부분은 가능한 한 원형 단계에서 구분합니다.」(이시자키) 5. 이시자키 씨의 오리지널 작품 「유녀 흉상」 시리즈.

머릿속 이미지를 형태로 만들어간다

야마시타 「저는 오리지널 작품에 납기를 정하지 않습니다. 완성됐을 때 내놓는, 그런 느낌입니다.」

MA 「일부가 아니라 모든 오리지널 작품에 납기를 정하지 않나요?」

야마시타 「그렇습니다. 일할 때는 부품이나 공정 수가 많으면 힘들다고 느낄 때도 있지만, 오리지널 작품의 경우에는 자잘한 아이템을 만드는 게 재미있습니다. 처음 상정한 것부터 점점 아이템이 늘어나고, 전체적인 구상으로 재미있는 방향성을 찾아낸다면 이건 하는 수밖에 없죠. 중간에 계속 바뀌어갑니다.」

MA 「도색에서도 그럴 때가 있어요!」

야마시타 「예를 들어서 이 아저씨 피규어(P117 참조). 처음에는 요괴 누라리횬으로 만들까 했었죠. 그런데 그 무렵에 다른 요괴 계열 작품을 내놓은 동업자분이 계셔서 '완전히 겹치네'라는 생각에 방향성을 바꿨습니다. 결과적으로 칠복신 이미지가 됐죠(웃음).」

MA 「그 이야기를 들어 보니 정말 멋지네요(웃음). 현대풍 차림새인데 이상하다 싶었어요.」

이시자키 「신이지만 현대 스타일, 같은.」

야마시타 「무엇보다 부품을 만들고 싶었습니다. 가죽 점퍼

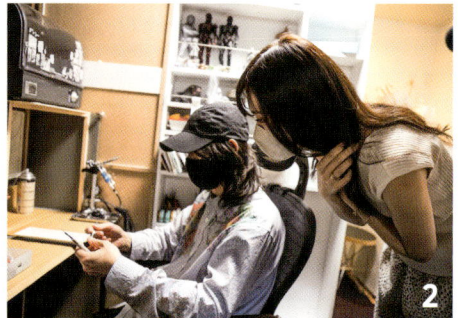

라든지 파카 끝이라든지. 일단 일러스트 데생을 제대로 그리고, 수정한다든지 했습니다. 이 재킷의 장식 술도 엄청 신경 썼죠.」

이시자키 「복제업자분께 혼났던 그거 말이죠(웃음). '너무 작아서 틀을 만들 수가 없어요'라고.」

MA 「여기는 장식 술을 하나의 부품으로 심어 넣은 건가요?」

야마시타 「장식 술 자체를 판 모양의 별개 부품으로 재킷에 끼워 넣었습니다. 제작 단계에서는 복수의 틀을 만들고, 어떤 게 좋은지 조합하면서 밸런스를 보는 경우도 있습니다.」

MA 「그런 부품 구성을 전혀 모르겠어요! 틀을 만들 수 있는지 없는지 생각하면서 부품을 디자인하고 모양을 만들어야 하는군요. 일단 그 영역에 도달하고 싶어요. 두 분 모두 좋은 의미로 변태 같네요~(웃음).」

이시자키 「저희도 그렇게 생각합니다. 변태 같을 정도로 푹 빠지고 집착해야만 만들 수 있으니까요!」

야마시타 「좋아하니까 일인데도 하루 24시간 동안 할 수 있는 거죠. 재미있고, 고민하는 것까지 즐겁습니다.」

1. 관절을 움직일 수 있는 데생 인형 등으로 포즈를 확인하는 경우도 있다. 2. 야마시타 씨의 작업 풍경을 견학했다. 3. 자주 사용하는 도구는 바로 손이 닿는 곳에 정리. 4. 2021년 겨울 이벤트에서 판매. 피부와 옷의 질감에 한없이 집착한, 엄청나게 치밀한 조형! 5. 제작 중인 오리지널 작품. 「위로 올린 머리에 두루마리를 끼우는 구조입니다. 전체적인 밸런스를 포함해서 아직 조정 중」(야마시타)

"재미있는 방향성을 발견했다면 이건 안 할 수가 없죠" (야마시타)

프로 원형사의 아틀리에를 리포트

새 아틀리에로 이사한 지 얼마 안 된 두 분께서 안내해주셨다.
평소에는 볼 수 없는 귀중한 작업장과 애용하는 도구,
거대한 피규어 진열장에 둘러싸인 공간을 소개.

피규어에 둘러싸인 회의 공간

먼저 눈에 들어온 건 한쪽 벽에 가득한 피규어! 두 분의 작품과 취미로 모은 것들이 잔뜩 있었습니다. 몇 개나 있는지 파악하지도 못하고, 이 정도 수납공간이 있어도 다 장식하지 못했다는 것 같습니다!

1. 아틀리에의 넓이는 약 8.5평. 안쪽에 2평짜리 창고가 있다. 입구 근처에 커다란 테이블을 배치해서 회의나 스태프 작업 공간으로 활용하고 있다. 실내에 손 씻는 곳을 설치해서 작업 효율을 고려했다. 2, 3. 장식한 피규어는 극히 일부. 두 사람이 좋아하는 작품을 엄선해서 장식했다. 4. 물론 두 사람의 오리지널 작품도 있다.

1. 도색 부스 위에 물건을 놓을 수 있도록 받침대를 자작. 덕트도 자신들이 설치했다. 이시자키 씨 책상 옆에는 책상을 하나 더 늘릴 수 있게 했다. 2. 야마시타 씨의 건조기는 취미에 맞춰서 꾸몄다.

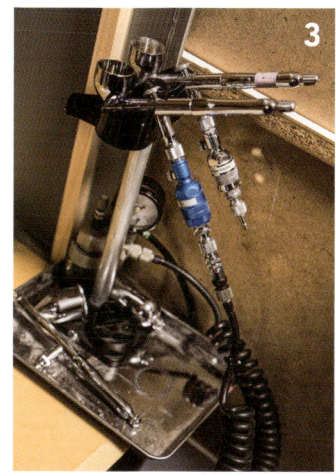

3. 두 사람 모두 도색은 거의 에어브러시를 사용. 4. 조형 주걱이나 디자인 나이프 외에 펜치나 드릴 같은 공구를 구사해서 모양을 만들어간다.

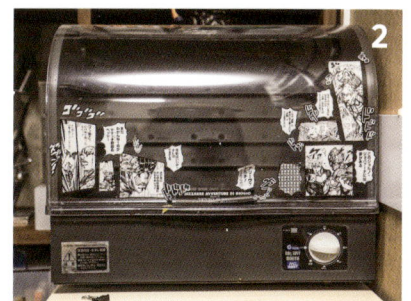

업계 톱 런너의 품질을 지탱해주는 작업 도구

책상 배치, 자작 도색 부스, 드라이 부스 등은 똑같습니다. 작업장이 나란히 줄지어 있어도 깔끔한 인상입니다. 여기서 각자 이어폰으로 음악을 들으며 작업한다는 것 같습니다. 참고로 저는 스피커로 음악을 쾅쾅 틀어놓고 작업합니다(웃음)!

각자의 작업 효율을 높여주는 정리정돈 법칙

작업 공간의 기본 레이아웃이 똑같기 때문에, 자잘한 사용 방법에서 각자의 개성이 드러납니다. 이시자키 씨는 효율적, 야마시타 씨는 고집파, 같은 느낌일까요? 이시자키 씨가 하고 계시는 고양이 발톱 가는 판에 디자인 나이프나 주걱을 꽂아놓는 방법은 정말 편리해 보입니다! 안전하고, 꺼내기도 편해 보이고. 저도 따라해볼까요~? 그리고 신경 쓰이는 도료 보관 장소! 두 분은 래커 도료만 사용한다는 것 같은데, 그것만 해도 상당히 많았습니다. 대략적인 색깔별로 구분하는 게 저랑 비슷해서, 왠지 기뻤습니다.

1. 이시자키 씨가 도구를 꽂아서 보관하는 방법은, 예전 회사 선배에게 배운 것. 2. 야마시타 씨의 도구는 서랍에 정리 정돈해서 깔끔하게 보이도록 넣어뒀다. 3. 도료를 보관하는 서랍은 주문 제작해서 새로 만들 예정. 작품이나 캐릭터별로 서랍을 구분하고 있다.

마치며

여기까지 읽어주셔서 감사합니다!

역시 나한테는 어렵다, 이 내용은 너무 간단해, 이 테크닉을 이렇게 실천해보자 등등, 사람마다 느낀 점은 다를 거라고 생각합니다.

사람 숫자만큼 감성이 있고, 각자의 색도 다릅니다. 저자인 제가 말하는 것도 좀 그렇지만, 모든 사람에게 내용이 있는 그대로 전해졌을 것 같지는 않습니다.

부디 이 책을 하나의 계기로 삼아, 자기 나름대로의 방식으로 받아들이고 좋아하는 피규어를 여러분의 색으로 물들여보세요.

창작의 가능성은 무한대입니다. 당장은 따라 하는 것부터 시작하더라도, 언젠가는 요령을 파악하고 언젠가는 자신만의 스타일이 완성될 거라고 생각합니다! 왜냐하면 이 책을 손에 집어 든 그 시점에서, 여러분은 틀림없이 피규어를 상당히 좋아하거나 칠하는 것을 좋아하는 분일 테니까요. '좋아한다'의 힘은 절대적이고, 숙달을 위한 가장 큰 지름길이라고 생각합니다.

저는 공부를 싫어해서 그렇게 열심히 하지는 않았습니다. 유일하게 정신없이 빠져들었던 것이 붓을 이용한 창작이고, 어릴 적부터 지금까지 계속 해오고 있습니다. 저에게 붓은 말로 표현하지 않아도 마음이 통한 것 같은 기분이 드는, 파트너 같은 존재라고 할까요?

디지털 전성시대다 보니 붓을 손에 쥐어볼 기회가 많이 줄어들었을지도 모릅니다. 하지만, 그럴수록 붓 한 자루부터 표현하는 즐거움과 가능성, 직접 칠하는 온기 같은 것을 한 사람이라도 많은 분들이 알아주셨으면 좋겠습니다.

앞으로도 즐거운 일이나 정신없이 빠져들 수 있는 일에 매진하고 싶습니다.
부디 저 MA만을 잘 부탁드리겠습니다.

협력 제조사&게재 피규어

굿스마일 컴퍼니
https://www.goodsmile.info/
X@gsc_goodsmile

「POP UP PARADE 하츠네 미쿠」P088
©Crypton Future Media, INC. www.piapro.net

「supercell feat. 하츠네 미쿠 월드 이즈 마인
[브라운 프레임]」P074
©supercell/CFM

「POP UP PARADE 우사다 페코라」P038
©2016 COVER Corp.
X@usadapekora

「POP UP PARADE 시라카미 후부키」P052
©2016 COVER Corp.
X@shirakamifubuki

코토부키야
https://www.kotobukiya.co.jp/
X@kotobukiyas

「미나토 아쿠아」P034
©2016 COVER Corp.
X@minatoaqua

「ARTFX J 람」P005, 066
©高橋留美子/小学館

「ARTFX J 사에바 료」P004, 042
©北条司/コアミックス・「2019 劇場版シティーハンター」製作委員会
원형 제작 : 伊藤嘉紀

극장판 시티 헌터 공식 홈페이지
https://cityhunter-movie.com/
X@cityhuntermovie

「Verse01 수정의 천사 아리아」P028
©KOTOBUKIYA
원형 제작 : BRAIN (제작협력 : 코토부키야)

환주미술관 오피셜 홈페이지
https://museum-of-mystical-melodies.
kotobukiya.co.jp/

카이요도
https://kaiyodo.co.jp/
X@kaiyodo_PR

「북두의 권 켄시로 흉상」P002, 070
©武論尊・原哲夫/コアミックス 1983
원형 제작 : 香川雅彦

첫 게재 : 『SCULPTORS05』(겐코샤)

「북두의 권 라오우 흉상」P002, 094
©武論尊・原哲夫/コアミックス 1983
원형 제작 : 香川雅彦

첫 게재 : 『SCULPTORS05』(겐코샤)

「북두의 권 / 흉상 콜렉션 토키
폴리스톤제 도색된 완성품」P002, 098
©武論尊・原哲夫/コアミックス 1983
원형 제작 : 松浦健

북두의 권 공식 홈페이지
https://hokuto-no-ken.jp/
X@hokutonokeninfo

자밀
https://jamil.co.jp/
X@Jamil_Publisher

「꽃의 케이지 극 statue vol.1 마에다 케이지
일러스트 컬러 173체 한정판」P048
©隆慶一郎・原哲夫・麻生未央/コアミックス 1990

꽃의 케이지 공식 홈페이지
https://hananokeiji.jp/
X@87k_official

Nuverse
https://www.nvsgames.com/jp

「피규어 스토리 유키・미라클 걸 ver.」P072
©Nuverse KK ©FlowEntertainment

피규어 스토리 공식 홈페이지
https://figurestory.nvsgames.com/
X@ako_figurestory

STAFF

기획협력
Masa

디자인 & AD
荻原佐織(PASSAGE)

DTP
山本深雪, 山本秀一(G-clef)

촬영
EDWARD.K
藤井大介

교정
ぴいた

취재협력
大川真由美

편집&취재협력
礒永遼太(edimart)

편집
伊藤甲介(KADOKAWA)

지은이 MA만(엠에이만)

피규어 페인터겸 유튜버. 피규어의 매력을 전하는 YouTube 「MA만ch。」은 구독자 수 27만 명(2024년 3월 시점)을 넘는 인기 채널이다. '3D 2차원 채색'이라는 독자적인 도색 테크닉으로 만들어내는, 애니메이션 캐릭터가 당장이라도 움직일 것 같은 작품이 일본 국내외에서 큰 반향을 불러오고 있다. 제조사의 상업 채색과 각종 이벤트에서 도색 시연, 국내외 최대급 피규어 제전 「원더 페스티벌」 공식 리포트 등 폭넓게 활동하고 있으며, 미술 교사 자격, 서예 사범 자격도 보유하고 있다.

YouTube : 「MAマンch。」「MAびより。」
Twitter : @M_A_paintman
Instagram : @m_a_man_

©supercell/CFM
©高橋留美子/小学館
©2016 COVER Corp.
©武論尊・原哲夫/コアミックス 1983
©北条司/コアミックス・「2019 劇場版シティーハンター」製作委員会

옮긴이 김정규

중앙대학교 일어학과를 졸업하고 반다이코리아 디지털 사업부에 재직했다. 현재는 전업 프리랜서 번역가로 활동하고 있다.

피규어 도색의 교과서
-애니메이션 도색의 기본과 응용-

초판 1쇄 인쇄 2024년 4월 10일
초판 1쇄 발행 2024년 4월 15일

저자 : MA만
번역 : 김정규

펴낸이 : 이동섭
편집 : 이민규
디자인 : 조세연
영업·마케팅 : 송정환, 조정훈, 김려홍
e-BOOK : 홍인표, 최정수, 서찬웅, 김은혜, 정희철, 김유빈
관리 : 이윤미

㈜에이케이커뮤니케이션즈
등록 1996년 7월 9일(제302-1996-00026호)
주소 : 08513 서울특별시 금천구 디지털로 178, 1805호
TEL : 02-702-7963~5 FAX : 0303-3440-2024
http://www.amusementkorea.co.kr

ISBN 979-11-274-7355-6 13630

HUDE 1PON KARA HAJIMERU ANIME NURI FIGURE NO KYOKASHO
©MAman 2022
First published in Japan in 2022 by KADOKAWA CORPORATION, Tokyo.
Korean translation rights arranged with KADOKAWA CORPORATION, Tokyo through CREEK & RIVER Co., Ltd.

이 책의 한국어판 저작권은 일본 ㈜KADOKAWA와의 독점계약으로
㈜에이케이커뮤니케이션즈에 있습니다.
저작권법에 의해 한국 내에서 보호를 받는 저작물이므로 무단전재와 무단복제를 금합니다.

*잘못된 책은 구입한 곳에서 무료로 바꿔드립니다.